Teodosie Petrescu
Constantin Anechitoae

O Sermão - obra religiosa protegida por direitos de autor

Teodosie Petrescu
Constantin Anechitoae

O Sermão - obra religiosa protegida por direitos de autor

ScienciaScripts

Cover image: www.ingimage.com

This book is a translation from the original published under ISBN 978-3-659-82561-3.

Publisher:
Sciencia Scripts
is a trademark of
Dodo Books Indian Ocean Ltd. and OmniScriptum S.R.L publishing group

120 High Road, East Finchley, London, N2 9ED, United Kingdom
Str. Armeneasca 28/1, office 1, Chisinau MD-2012, Republic of Moldova, Europe
Printed at: see last page
ISBN: 978-620-8-15506-3

CONTEÚDO

CONTEÚDO 1

PREÂMBULO 2

1.INTRODUÇÃO 5

2. A PROPRIEDADE INTELECTUAL 7

3. OS DIREITOS DE AUTOR 15

4. CATEGORIAS DE OBRAS PROTEGIDAS 21

5. PROTECÇÃO DOS SERMÕES POR DIREITOS DE AUTOR 25

6.SERMÕES - O SERVIÇO FUNCIONA 27

7. O ACTO DE CRIAÇÃO 29

8. O SERMÃO - A LIGAÇÃO ENTRE A IGREJA, A SOCIEDADE E A PROPRIEDADE INTELECTUAL 31

9. O SERMÃO - DEFINIÇÃO E DELIMITAÇÃO 40

10. FORMAS DE PROTECÇÃO DO SERMÃO ATRAVÉS DE INSTRUMENTOS JURÍDICOS SOBRE DIREITOS DE AUTOR 45

11. PRAZO DE PROTECÇÃO DOS DIREITOS DE AUTOR PATRIMONIAIS 47

12. CONCLUSÕES 50

13.BIBLIOGRAFIA 51

Tradução e verificação em língua inglesa por pr. Mihail-Ovidiu Enea

PREÂMBULO

O presente trabalho procura discutir um tema amplamente debatido no quotidiano dos menos avisados, mas também pelos especialistas dos meios de comunicação social, pelos que trabalham no mundo jurídico e, sobretudo, pelos profissionais, pelos que estão envolvidos no meio académico, tanto professores como alunos, mestrandos e doutorandos. A questão em causa diz respeito aos aspectos de interferência entre as disposições das normas de direito e as normas teológicas, normas que se ajudam mutuamente na proteção dos direitos de autor.

Em muitos países europeus, nas faculdades de direito, os estudantes estudam, entre as disciplinas obrigatórias, o direito romano, noutros - o direito bizantino, nas faculdades de teologia estudam também a disciplina de direito canónico, direito da igreja, mas de uma forma muito mais profunda encontramos o estudo do direito nos programas de mestrado: Ex: o Mestrado em "Teologia prática (direito canónico, homilética e catequese, liturgia e música religiosa)"[1] etc.

Os conhecimentos adquiridos através do estudo destas disciplinas, vêm apoiar a compreensão das normas jurídicas em consonância com as normas teológicas. Assim, os alunos conseguem enriquecer, complementar e melhorar os seus conhecimentos gerais, permitindo-lhes resolver casos práticos recorrendo a normas jurídicas específicas para a proteção da criação intelectual de todos os criadores de obras.

Mencionamos aqui apenas a instituição do casamento, que é apoiada tanto por normas jurídicas como por normas teológicas que, através de uma formulação precisa e rigorosa, também são sancionadas pela força coerciva do Estado, mas também através de cânones teológicos, quando os direitos e as obrigações decorrentes do desempenho deste ato são violados. A

[1] Universidade Ovidius de Constanta, Faculdade: Teologia Ortodoxa. Áreas principais: Teologia, Programa de estudos: Mestrado: Teologia Prática (Direito Canónico, Homilética e Catequética, Liturgia e Música Religiosa, Duração dos estudos: 2 anos (4 sem.) http://teologie.univ-ovidius.ro/pagini/planuri- de-invatamant.

dimensão excecional da instituição do matrimónio apresenta, por vezes, diferentes lacunas e a solução nem sempre é coberta pelas normas jurídicas, mas é suficiente através das normas teológicas

Através deste estudo tentamos juntar-nos a todos aqueles que reconhecem plenamente o direito às liberdades do outro - o direito de pensar, de criar obras e de respeitar as suas opiniões religiosas expressas através dessas obras.

Atualmente, o sonho de uma Europa unida não pode ser concebido se não forem tidas em conta as referências religiosas dos indivíduos e das comunidades [2] . De facto, um dos fundamentos desta unidade está estabelecido no art. 18 da Declaração Universal dos Direitos do Homem: "Toda a pessoa tem direito à liberdade de pensamento, de consciência e de religião; este direito implica a liberdade de mudar de religião ou de convicção, assim como a liberdade de manifestar a sua religião ou a sua convicção, individualmente ou em conjunto com outras pessoas, em público ou em privado, pelo ensino, pela prática religiosa, pelo culto e pela realização de ritos"

A professora Irina Moroianu Zlatescu refere a "esperança" de um Alto Comissário das Nações Unidas para os Direitos Humanos que realce a relação tradicional entre religião e moral, o diálogo com e entre as religiões, que tenderá a uma aceitação generalizada dos direitos humanos e a uma abordagem global, partilhada por todos, a fim de resolver as numerosas questões morais de grande importância, uma vez que as religiões têm um enorme potencial no desenvolvimento do respeito pela dignidade humana, igualdade, liberdade e solidariedade .[3]

"Muito rapidamente - disse Sua Beatitude Daniel, o Patriarca da Igreja Ortodoxa Romena, quando ainda era Metropolita da Moldávia e Bucovina: parece que o défice de transcendência na vida de cada indivíduo produz um

---

[2] C. Cucoş. *Educação - dimensão cultural e intercultural*. Iasi: Editora Polirom, 2000.

[3] Irina Moroianu Zlatescu, *Prefácio*, em: A dimensão espiritual dos direitos humanos. Educação para todos. Simpósio Internacional. Iasi, 4-6 de novembro de 2012: Bucareste: IRDO Published House, 2012, pp. 3-4.

défice de humanidade na vida social. Sem uma perspetiva espiritual ou metafísica, a vida humana é rapidamente reduzida à matemática: número de indivíduos robotizados e quantidades de produtos acabados, para fins específicos, mas num mundo fechado, autossuficiente"[4] .

Referindo-se à Declaração Universal dos Direitos Humanos num discurso na sede das Nações Unidas, o Papa Bento XVIth afirmou que: O documento foi o resultado da convergência de tradições religiosas e culturais, motivadas por um desejo comum de colocar a pessoa humana no coração das instituições, leis e intervenções da sociedade e de considerar a pessoa humana essencial para o mundo da cultura, da religião e da ciência[5] . Um dos méritos desta declaração é o facto de apoiar sem dúvida o diálogo inter-religioso e multicultural, apelando à responsabilidade das instituições que são instadas a garantir o respeito pelos direitos humanos.

Hoje em dia ninguém pode duvidar da quintessência das instituições jurídicas e teológicas que se completam e apoiam mutuamente. As duas organizações destacadas são fontes de direitos para todas as pessoas: o direito à consciência, a realizar-se num espaço de liberdade, a exprimir-se através do trabalho intelectual criativo, mas também a ter responsabilidade para com os nossos semelhantes, a obrigação de respeitar o espaço de liberdade dos outros, a respeitar os direitos de proteção intelectual das obras de criação intelectual.

---

[4] Idem, p. 5.

[5] Ver o texto original publicado na Sala de Imprensa da Santa Sé (6) com o título "UNO - United Nations Organization Headquarters, New York, 18.04.2008, Address to the General Assembly of the United Nations".

1. INTRODUÇÃO

A sociedade humana não tem outra forma eficaz de criar e manter a ordem pública senão através de normas permissivas e proibitivas, a fim de estabelecer o estatuto jurídico para a intervenção da força coerciva do Estado .[6]

A Igreja não pode apoiar-se apenas nos seus instrumentos sacramentais e ierúrgicos. Ela recorre a algumas normas do direito canónico. O cumprimento da lei da Igreja, com a sua canonicidade que se baseia na doutrina da fé, tem a sua fonte na doutrina dogmática, isto é, no dogma, que exige medidas fortes para preservar a autoridade da própria disciplina da Igreja.

Qualquer conduta incorrecta de um membro da Igreja assume, em primeiro lugar, uma qualificação religioso-moral denominada pecado de diferentes magnitudes e, em seguida, uma qualificação jurídica tradicionalmente denominada "delito", violação da lei ou delito eclesiástico, ou mesmo ofensa religiosa.

Mas como dentro da Igreja temos três categorias de membros: leigos, clérigos e monges, as infracções religiosas são divididas de acordo com a qualidade destes infractores.

O estatuto é mantido para demonstrar o apoio da Igreja, apreciando a sua contribuição, que teve no passado no domínio religioso, moral, cultural e nacional, através dos seus esforços contínuos ao serviço do progresso humano.

Assim, a Igreja, com os seus próprios meios, a partir da sua posição, contribui para a resolução justa das questões levantadas pela vida moderna, no melhor interesse do homem. A ação de apoio do Estado e da evolução da comunidade

---

[6] Teodosie Petrescu; Anechitoae Constantin. *O Sermão - obra religiosa protegida por direitos de autor (I),* In: The romanian Journal of Intellectual Law Property, ano V no. 1 (22), Bucareste, março de 2010, pp. 43-51; Teodosie Petrescu; Anechitoae Constantin. *O Sermão - obra religiosa protegida por direitos de autor (II),* In: The romanian Journal of Intellectual Law Property, ano V no. 4 (25), Bucareste, dezembro, 2010, pp. 24-37; Anechitoae Constantin, *Pleadings and sermons - works protected by copyright.* Anais da Universidade Marítima de Constanta, Ano X, Vol. 12/2010, pp. 25-30; Anechitoae Constantin. *Pleadings and sermons-works protected by copyright,* In Constanta: "DIONYSIANA", Anul III, n.º 1 (2009), pp. 282-291.

humana encontra o seu fundamento no ensinamento da Igreja. O mandamento do Salvador, "Dai pois a César o que é de César e a Deus o que é de Deus"[7] , exorta-nos a respeitar plenamente as normas jurídicas promulgadas pelas autoridades estatais.

A partir da orientação da Sagrada Escritura, as palavras "*O reino não é deste mundo*"[8] , mostram que a Igreja não se opõe ao sistema de governo do Estado e não compete com o "*seu reino*", apenas serve para a aquisição do reino dos céus.

De acordo com os ensinamentos da Igreja Ortodoxa, os cristãos têm o dever de respeitar o Estado e as suas ordens como um poder ordenado por Deus, conscientemente, não por medo mas por consciência.

Em todo o caso, toda a comunidade humana tem simultaneamente duas qualidades, a de crente de uma denominação religiosa e também a de cidadão de um Estado. Ambas as instituições exigem com predileção um estatuto de lealdade materializado através de uma relação sincera, um sacrifício contínuo pelo bem comum.

---

[7] Mt, 22. 21.

[8] Jo, 19.11.

2. A PROPRIEDADE INTELECTUAL

A propriedade intelectual refere-se a criações do espírito: obras literárias e artísticas, sermões, conferências, discursos, argumentos e outras obras da mesma natureza, mas também símbolos, invenções, nomes e imagens utilizados na vida social, económica e cultural .[9]

2.1. DEFINIÇÃO DA PROPRIEDADE INTELECTUAL

Com base em considerações sobre o apotegma latino "*omnis definitio in jure civile periculosa est; parum est enim ut non subverti posii*" - segundo o qual "*qualquer definição, no direito civil, é perigosa, poucos são aqueles que não podem ser mal interpretados*" -, consideramos que, no direito de propriedade intelectual, uma definição considerada abundante pode ser, no entanto, suscetível de críticas.

Segundo alguns autores, a expressão "*propriedade intelectual*" foi utilizada nesta forma pela primeira vez pelo escritor francês Alfred Nion no seu livro: droits civil des auteurs, artistes et inventeurs[10] . Segundo outros autores, a expressão direito intelectual foi sugerida pela primeira vez pelo jurista Edmond Picard em 1877, retomada mais tarde, na sua obra Le droit pur .[11]

A propriedade intelectual (PI) é um termo que descreve as ideias, invenções, tecnologias, obras de arte, música e literatura que, embora intangíveis no momento da sua criação, podem ser valorizadas como produtos tangíveis[12] . Para efeitos desta introdução, é suficiente, no entanto, definir a PI como a aplicação comercial do pensamento imaginativo para responder a desafios técnicos ou artísticos. A PI não significa o produto em si, mas a ideia especial

---

[9] Constantin Anechitoae. *O direito da propriedade intelectual*. Bucareste. Editora Pro Universitaria, 2014, pp. 69-72.

[10] Alfred Nion. *Droits civils des auteurs, artistes et inventeurs, ou Applications des dispositions du Code civil, de commerce et de procédure aux droits attribués par les lois existantes aux auteurs et inventeurs en matière d'art, de science, de littérature et d'industrie: mémoire qui a remporté la première médaille d'or au concours ouvert en 1844, entre les docteurs, devant la Faculté de droit de Paris*. Joubert, Libraire de la Cor de Cassation. Rue des grès, 14, près de la faculté de droit. 1846.

[11] Adrian Circa. *Proteção dos direitos intelectuais. Atualidade e perspectivas.* Bucharest: Editora Universul Juridic, 2013, p 14.

[12] Kamil Idris, *The Intellectual property - a powerful tool for economic development*. OSIM: Editora, Bucareste, 2006, p. 8.

que lhe está subjacente, a forma como essa ideia é expressa, bem como a maneira distinta de a nomear e descrever.

O termo "propriedade" é utilizado para descrever este valor, uma vez que este termo apenas se aplica a invenções, obras e designações sobre as quais uma pessoa ou um grupo de pessoas reivindica a propriedade. A propriedade é importante porque a nossa experiência tem demonstrado que um potencial ganho económico é uma forte motivação para o ato de inovação.

A palavra romena lei deriva de uma palavra latina diretum, que significa "*de acordo com a* regra"[13] . Assim, o direito, no sentido etimológico da palavra, é o que deve ser, ou seja, de acordo com a regra[14] . Segundo o Jurisconsulto Paulus, o direito não pode ser deduzido da regra, mas a regra deve ser deduzida do direito existente .[15]

O termo "direito" aplicável ao conceito de propriedade intelectual, independentemente da variável matéria de que é feito, pode constar de uma definição formal, que significa eliminar diversos elementos que variaram ao longo do tempo e em diversas doutrinas, ficando apenas retidas as normas jurídicas que regulam as relações que decorrem da criação intelectual.

O direito intelectual foi definido como o direito subjetivo ao abrigo do qual o titular (qualquer pessoa singular ou colectiva) pode retirar alguns benefícios, não patrimoniais ou, se for caso disso, patrimoniais, da reprodução ou exploração exclusiva de criações intelectuais.

Assim, por direito de propriedade intelectual entendemos a totalidade das normas jurídicas que regem as relações de proteção da criação intelectual no domínio industrial, científico, literário e artístico, bem como os sinais distintivos da atividade comercial .[16]

---

[13] Esta expressão não se encontra no mundo romano, que chamava ao Direito - Jus.
[14] Alexandru Vallimarescu. *Tratado de direito.* Bucharest: Lumina Lex Publishing House, 1999, p 41.
[15] *Non ex regula jus sumatur, sed ex jure, quod est regula fiat* (Dig. 50, 17, 1 Paulus). Radu I. Motica, Dan Negrescu, *Juridical Lexicon Latin - Romanian.* Bucareste: Editora Lumina Lex, 2001, p. 189.
[16] Ioan Macovei. *Tratado de Direito da Propriedade Intelectual.* Bucareste: CH Beck Publishing House, 2010, p. 5.

A propriedade intelectual[17] em sentido lato inclui os direitos de quem realiza: obras literárias, manifestações artísticas e científicas, espectáculos e exposições de artistas, fotógrafos e televisões, invenções em todos os domínios da investigação humana, descobertas científicas, sinais industriais, marcas de fábrica, critérios de serviço, nome comercial e marcas registadas, proteção contra a concorrência desleal e todos os direitos resultantes da atividade intelectual no domínio industrial, literário ou artístico.[18]

Os dicionários definem a propriedade intelectual (Propriété intellectuelle // Propriedade intelectual), a totalidade dos direitos sobre as criações do génio humano relativas a: obras literárias, artísticas e científicas, espectáculos da artistas intérpretes ou executantes, fonogramas e programas de radiodifusão, invenções em toda a atividade humana , descobertas científicas , desenhos e modelos industriais, modelos de utilidade, marcas, comércio e serviços, bem como denominações comerciais, indicações de proveniência ou denominações de origem, proteção contra a concorrência desleal e direitos conexos na atividade intelectual, no domínio industrial, científico, literário e artístico .[19]

---

[17] Artigo 2.º, alínea viii), da Convenção sobre a Organização Mundial da Propriedade Intelectual (Convenção da OMPI - 1967).

[18] Gabriel Olteanu: *O direito de propriedade intelectual*. Bucareste: C. H. Beck Publishing House, 2007, pp. 6-11.

[19] Gheorghe Bucsa; Tiberiu Popescu. *The illustrated dictionary of intellectual property*. Bucareste: Editora OSIM, 2003, p 209.

2.1.1. OS ELEMENTOS DO CONCEITO DE PROPRIEDADE INTELECTUAL

De acordo com o art. º da Convenção de Estocolmo de 1967, através da qual foi constituída a Organização Mundial da Propriedade Intelectual (OMPI), organização intergovernamental especializada na cooperação internacional, por propriedade intelectual devem entender-se os direitos relativos às obras literárias, às obras científicas e artísticas, às prestações dos artistas intérpretes ou executantes, aos fonogramas e aos programas de rádio, às invenções em todos os domínios da atividade humana, às descobertas científicas, aos desenhos e modelos industriais, às marcas de fabrico ou de comércio, às marcas de serviço, aos nomes e marcas comerciais, à proteção contra a concorrência desleal e a todos os outros direitos de atividade intelectual no domínio industrial, científico, literário e artístico .[20]

Numa formulação concisa, a propriedade intelectual inclui todas as regras que asseguram a proteção dos direitos de propriedade industrial, dos direitos de autor e do saber-fazer.

A Lei n.º 344, de 29/11/2005, relativa a medidas de efetivação dos direitos de propriedade intelectual nos procedimentos de habilitação[21] , definiu os termos e expressões relativos à propriedade intelectual:

1. direito de propriedade intelectual: o direito de autor, os direitos conexos, o direito sobre os produtos ou marcas de serviços protegidos, o direito sobre os desenhos e modelos industriais, o direito sobre as indicações geográficas, o direito sobre as patentes, o direito sobre os certificados complementares de proteção, o direito sobre as variedades vegetais;
2. o direito de autor: é o direito de propriedade intelectual reconhecido ao indivíduo ou indivíduos que criaram uma obra original de criação intelectual no domínio literário, artístico ou científico, qualquer que seja o modo criativo,

---

[20] Otilia Calmuschi. *O direito da propriedade intelectual. Curso universitário*. Bucareste: Editora Titu Maiorescu, 2004, pp. 13-15.

[21] Publicado no Diário da República, Parte I n.º. 1093 de 05/12/2005. Implementado como norma em 2006. Contestada pela Decisão n.º 1031/2007 e pela Decisão n.º 1214/2008.

modo ou forma de expressão e independentemente do seu valor e destino, ou a outros titulares, pessoas colectivas ou singulares.

2.2. A PROPRIEDADE INTELECTUAL E OS DIREITOS LEGAIS DECORRENTES DAS ACTIVIDADES INTELECTUAIS

A propriedade intelectual, em geral, inclui todos os direitos legais decorrentes da atividade intelectual nos domínios literário ou artístico, científico e industrial .[22]

A propriedade intelectual[23] está indissociavelmente ligada à noção jurídica de direito, porque implica atributos morais e patrimoniais.

Os direitos de propriedade intelectual[24] são direitos de propriedade como todos os outros definidos pelo direito civil - permitem ao criador ou ao titular de uma patente[25] , de uma marca registada ou de uma obra protegida por direitos de autor tirar partido do seu trabalho pessoal ou do seu investimento.

O desenvolvimento e a adoção de uma nova legislação sobre propriedade intelectual identifica-se com o desenvolvimento do processo legislativo e das mentalidades no domínio jurídico, através da transformação do direito consuetudinário sobre a marginalização do plagiador, para aquela legislação que prevê a sua punição. O passo mais importante, talvez, tenha sido a proteção da propriedade tão claramente formulada nos princípios liberais da modernidade e em actos como o

Declaração dos Direitos do Homem e do Cidadão que a classifica como sagrada e inviolável e também como um direito natural e imprescritível[26]

---

22 Eugen Vasiliu. *O Decálogo da propriedade intelectual*. The Romanian Magazine of Intellectual Property Law, n.º 2 (7), terceiro ano, publicado por iniciativa da Associação Científica para o Direito da Propriedade Intelectual, Bucareste, 2006, p 231.

23 O termo propriedadeintelectual surge na Europa no século XIX, em 1846 é utilizado por A. Nion na obra Droits civils des auteurs, artistes et inventeurs: Reunião do Senado de 27 de abril de 2009 Doina Silistru, declaração política com o título "26 de abril - Dia Mundial da Propriedade Intelectual"

24 Otilia Calmuschi, The depletion of intellectual property rights, in: The Romanian Magazine of Intellectual Property Law, n.º 2 (7), IIIrd year, Bucareste, 2006, p.25.

25 Ver: Alexandru Cristian Ştrenc. *New horizons and challenges in patent protection of inventions*, in: The Romanian Magazine of Intellectual Property Law, n º 1 (8), IIIrd , Bucareste, 2006, p 28.

26 *Artigo 17, Declaração dos Direitos do Homem e do Cidadão*. In: Godechot, Les Constitutiones de la France, Paris: GF Publishing House, Flammarion, 1995, citado por Mihaela

2.3. O DIREITO DE PROPRIEDADE INTELECTUAL

O direito de propriedade intelectual recebeu uma consagração final e oficial com a conclusão da Convenção que levou à criação da Organização Mundial da Propriedade Intelectual (OMPI)[27] , assinada a 14 de julho de 1967 em Estocolmo .[28]

O Professor Ioan Macovei, em "*Tratado de Direito da Propriedade Intelectual*", desde o início, no "*Prefácio*", defende que, no âmbito da estratégia de desenvolvimento económico, social e cultural, a propriedade intelectual é uma componente vital... assegurando a proteção das criações da inteligência humana e garantindo a capitalização do mercado livre.[29]

A nível internacional, a Roménia é membro fundador da Organização Mundial da Propriedade Intelectual[30] e da Organização Mundial do Comércio.

A propriedade intelectual, em geral, inclui todos os direitos legais, decorrentes da atividade intelectual no domínio literário ou artístico, científico e industrial .[31]

Num sentido mais técnico, a propriedade intelectual é também definida como um domínio (um subconjunto no sentido matemático do conceito jurídico de

---

Daciana Bolos. Trademarks and geographical indications within the meaning of international relations. Bucareste: Editora Universul Juridic, 2013, pp. 14-15.

[27] A Organização Mundial da Propriedade Intelectual (OMPI)] é uma das agências especializadas das Nações Unidas. A OMPI foi criada em 1967 com o objetivo de incentivar a atividade criativa e a promoção da propriedade intelectual a nível mundial. A OMPI tem, a 1 de janeiro de 2010, 184 Estados Membros (http://www.wipo.int/members/en/), administra 24 tratados internacionais (http://www.wipo.int/treaties/en/), com sede em Genebra, Suíça. O atual Diretor Executivo da OMPI é Francis Gurry.

[28] De acordo com a OMPI, a Propriedade Intelectual inclui quatro áreas principais: a) os direitos de autor para as obras literárias e artísticas, b) os direitos relacionados com os direitos de autor - protegidos como direitos conexos, as prestações dos artistas intérpretes ou executantes, as gravações sonoras ou os produtores de fonogramas, as emissões de rádio e televisão c) os direitos de propriedade industrial d) outros direitos de propriedade intelectual não abrangidos na primeira categoria.

[29] Ioan Macovei. *Tratado de direito da propriedade intelectual*. Bucareste: C. H. Beck Publishing House, 2010, p. XXIII.

[30] A Convenção que institui a Organização Mundial da Propriedade Intelectual, assinada em Estocolmo em 14 de julho de 1967, foi ratificada pela Roménia através do Decreto do Conselho de Estado. 1175 de 28.12.1968, publicado no Jornal Oficial n.º. 1 de 6.1.1969, entrou em vigor.

[31] Eugen Vasiliu. *O decálogo da propriedade intelectual*. In: The Romanian Journal of Intellectual Property Law, n.º 2 (7), III.º ano, publicado por iniciativa da Associação Científica de Direito da Propriedade Intelectual, Bucareste, 2006, p 231.

propriedade), dentro de uma vertente patrimonial, que se refere à propriedade de uma obra resultante de um processo de criação intelectual de qualquer tipo: literatura, ciência, ensino, metodologia, artes plásticas, etc.[31 32]

A propriedade intelectual[33] está indissociavelmente ligada à noção jurídica de direito, porque implica atributos morais e económicos.

Existe, assim, um sistema de interferência dos aspectos morais, não escritos, com os legislativos, de natureza soberana (específicos de qualquer lei em vigor num determinado momento), contidos num sistema de actos de carácter legislativo e que constitui o direito de propriedade intelectual.

O Professor Constantin Turcanu considera que a propriedade intelectual é um bem imaterial, resultante da inteligência e criatividade humanas, pelo que requer uma proteção adequada, específica e especializada para este tipo de bens[34] . A proteção da propriedade intelectual é garantida às invenções em todos os domínios da atividade humana: económico, industrial, agrícola, transportes, construção, turismo, serviços, comércio, administração, científico, literário, artístico e audiovisual .[35]

O Professor Viorel Ros diz que esta disciplina do "Direito da Propriedade Intelectual" tem como objeto de estudo a proteção da criação intelectual, dos autores das obras do espírito e dos resultados deste trabalho de criação nas várias formas em que se apresenta, mas também a proteção dos sinais distintivos mais importantes da atividade comercial .[36]

---

[32] Petre, Glatcov; Alexandru Cristian Ştrenc; Gheorghe Bucsa; Dalila Pitu. *Propriedade industrial, propriedade intelectual e inventica: Curso para uso académico*. Bucareste: Editora da Fundação Académica para a promoção das invenções e da criatividade, 1997, p. 5.

[33] O termo propriedade intelectual surge na Europa no seculo XIX, em 1840 é utilizado por A. Nion na obra Droits civils des auteurs, artistes et inventeurs: Reunião do Senado de 27 de abril de 2009 Doina Silistru, declaração política com o título "26 de abril - Dia Mundial da Propriedade Intelectual"

[34] Turcanu, Constantin. *Presidente da "ANCPIR" entre 1992 e 2000 e Presidente da Dirção da "CNCPI" entre 2000-2004*. Artigo na revista dos advogados de propriedade industrial, autores colectivos, The National Chamber of Industrial Property in Romania, n.º 1/2004, página 4, intitulado "14 years of Industrial Property Attorneys in Romania", Matrix Rom Publ. House, Bucareste, (Fundada em 1994 com o título "The Magazine of the advisers in the intellectual proporty").

[35] Mirela Romitan. *The protection of journalistic writings and of the information sources*, In: The Romanian Journal of Intellectual Property Law, n.º 1 (6), III.º ano (aparece por iniciativa da Associação Científica de Direito da Propriedade Intelectual), Bucareste, 2006, p 154.

[36] Viorel Ros. *O direito da propriedade intelectual. Curso universitário*. Bucareste: Lex Global

Noutra aceção, entende-se por "*direito de propriedade intelectual*" todos os direitos relativos à proteção da criação intelectual, dos autores .[37]

A ideia da defesa destes direitos foi unanimemente apoiada por quase todos os países, por razões que se prendem tanto com os interesses dos criadores como com a política de cada Estado. Assim, podemos deduzir claramente duas razões principais:

a) A afirmação da legalidade dos direitos morais e económicos dos criadores sobre as suas criações e dos direitos do público de aceder voluntariamente e sem restrições a essas criações;

b) Promover a criatividade, adaptando a legislação de modo a incentivar um comércio justo através da aplicação e utilização destes direitos, com efeitos diretos no desenvolvimento da economia e da sociedade.

De um ponto de vista internacional, as duas categorias de criações intelectuais são estabelecidas nas disposições que se seguem:

1) A Convenção de Paris para a Proteção da Propriedade Industrial de 1883 - o primeiro grande tratado internacional - que confere a um cidadão de um país o direito de obter proteção para as suas criações intelectuais noutros países membros da Convenção, sob a forma de direitos de propriedade industrial;

2) A Convenção de Berna para a Proteção das Obras Literárias e Artísticas, de 1886, que estabelece o direito de os cidadãos dos Estados-Membros obterem proteção internacional do seu direito de controlar a sua observância e de receberem um pagamento pela utilização de obras literárias e artísticas.

A nível internacional, a Roménia é membro fundador da Organização Mundial da Propriedade Intelectual em 1968[38] e da Organização Mundial do Comércio.

Publishing House, 2001, p 31.

[37] Bujorel, Florea. *O direito de propriedade intelectual: direitos de autor.* Bucareste: Editora Fundaría "România de Mâine", 2003, p. 11.

[38] A Convenção que institui a Organização Mundial da Propriedade Intelectual, assinada em Estocolmo em 14 de julho de 1967, foi ratificada pela Roménia através do Decreto do Conselho de Estado. 1175 de 28.12.1968, publicado no Jornal Oficial n.º. 1 de 6.1.1969 entrou em vigor

3. O DIREITO DE AUTOR

"O direito de autor" é uma expressão que define a lei que se refere à proteção das obras criativas. Por "obra criativa" entendemos qualquer criação intelectual, incluindo tanto as obras científicas e técnicas como as devidas à imaginação: literatura, pintura, música, arquitetura, coreografia, etc.).

O direito de autor reserva aos autores de obras criativas o direito exclusivo de autorizar a utilização da sua obra por qualquer meio. Através dele confere às obras criativas a qualidade de um bem que pode ser cedido ou transferido de forma análoga aos bens materiais.

As duas premissas fundamentais em que o direito de autor se baseia encontram-se nos direitos humanos fundamentais, registados como tal na Declaração Universal dos Direitos do Homem .[39]

Estes direitos estão definidos no artigo 27.º, n.º 2, da Declaração Universal dos Direitos do Homem (10 de dezembro de 1948), que afirma que

1) "Todos têm o direito de participar livremente na vida cultural da comunidade, de fruir as artes e de partilhar o progresso científico e os seus benefícios;

2) Todos têm direito à proteção dos interesses morais e materiais decorrentes de qualquer produção científica, literária ou artística de que sejam autores".

Esta dimensão da proteção dos direitos de propriedade intelectual encontra uma nova abordagem, maior e mais complexa, no artigo 15. 15.º, n.º 1, do Pacto Internacional sobre os Direitos Económicos, Sociais e Culturais de 1974, pelo qual os Estados Partes se comprometem a reconhecer a todas as pessoas o direito a:

a) participar na vida cultural;

b) beneficiar do progresso científico e das suas aplicações;

c) beneficiar da proteção dos interesses morais e materiais de qualquer

---

[39] Em 10 de dezembro de 1948, a Assembleia Geral da ONU adoptou e proclamou a Declaração Universal dos Direitos do Homem, publicada no folheto n.º 0 de 10.12.1948.

produção científica, literária ou artística de que seja autor.

1.1. AQUISIÇÃO DOS DIREITOS DE AUTOR

Os direitos de autor e os direitos conexos com os direitos de autor adquirem-se de pleno direito, sem qualquer formalidade eventualmente cumprida, mediante qualquer ato de requerimento, registo ou pagamento de taxas processuais.

A premissa é que a obra intelectual criativa é protegida independentemente de ser levada ao conhecimento do público, apenas através da sua execução, mesmo que inacabada. O direito de autor surge a partir do momento em que a obra foi criada, qualquer que seja o modo ou a forma específica de expressão.

Quaisquer registos no Gabinete Romeno de Direitos de Autor (ROC), nos registos específicos, não estão relacionados com a proteção, mas com a comercialização e a contabilidade dessas obras.

1.2. A PROTECÇÃO DOS DIREITOS DE AUTOR

Em termos internacionais, a proteção internacional dos direitos de autor, elemento essencial da existência e do progresso da sociedade, era realizada, desde o início, com base em acordos bilaterais que previam um reconhecimento mútuo dos direitos, mas não suficientemente abrangente para satisfazer uma norma mínima.

Em setembro de 1886, foi adoptada *a "Convenção de Berna para a Proteção das Obras Literárias e Artísticas*" - com base nos primeiros debates preparatórios que se estenderam por 25 anos, nos quais o escritor Victor Hugo desempenhou um papel importante.

No segundo artigo da Convenção de 1886 é definido o termo de obras literárias e artísticas através de uma enumeração na qual, encontramos o sermão e outras obras da mesma natureza, que beneficiam de proteção para os autores e aqueles que detêm os seus direitos.

Na Roménia, as preocupações em matéria de propriedade intelectual e de direitos de autor são muitas, mas a mais eloquente é a Lei n.º 8 de 1996 sobre direitos de autor e direitos conexos, que regula os direitos dos autores e das criações intelectuais . 8 de 1996 sobre direitos de autor e direitos conexos, que regula os direitos dos autores e das criações intelectuais .[40]

A Lei n.º 8/1996 insere-se num ramo da mesma parte da legislação que regula os direitos dos autores das criações intelectuais. Estes direitos são protegidos por lei na maioria dos países. A razão desta proteção dos direitos dos criadores é dada pela necessidade de estimular e apoiar a criatividade dos indivíduos e pela necessidade de tornar os resultados desta criatividade disponíveis através da mais ampla divulgação.[41]

O direito de autor visa formas específicas de criatividade, principalmente relacionadas com a comunicação de massas. Estão também relacionados com quase todas as formas e métodos de comunicação pública, não só através de publicações impressas (livros de teologia e espiritualidade, álbuns, pastas, ícones, arte religiosa, etc.), mas também através da difusão em canais de rádio e televisão[42] e até sistemas informáticos de armazenamento e recuperação de informação (CDs e cassetes, bases de dados, etc.).

O direito de autor regula os direitos dos criadores sobre as suas criações intelectuais. A maior parte das obras artísticas, por exemplo, livros, pinturas ou desenhos, objectos litúrgicos, paramentos, ornamentos de igreja, ícones, arte religiosa (bordados, esculturas, cerâmicas e outros objectos de arte religiosa) só existem depois de terem sido incorporados num objeto físico.

---

[40] Publicado no Jornal Oficial da Roménia, Parte I, n.º 60/14 III 1996.

[41] Constantin Anechitoae, *Introduction to the intellectual property law*, Bren Publishing House, 2006, p. 97-98; Constantin Anechitoae. *O direito da propriedade intelectual. Direitos de autor e direitos conexos*. Bucharest: Editora Universul Juridic, 2014, pp. 35-37.

[42] Por exemplo, a Rádio Trinitas faz parte do Instituto Cultural Missionário com o mesmo nome e ajuda a apoiar a atividade cultural missionária da Igreja Ortodoxa Romena. A Rádio Trinitas foi criada por iniciativa de (na altura) Sua Eminência Daniel, Metropolita da Moldávia e Bucovina, atual Patriarca da Roménia, e começou a emitir na noite de 17 de abril de 1998, em Iasi. A estação de rádio Trinitas pertence ao Metropolita da Moldávia e Bucovina e emite 24 horas por dia, 7 dias por semana. A Rádio Trinitas dirige-se a todas as categorias de ouvintes. Transmite diariamente a Divina Liturgia e as Vésperas, em direto da Catedral Metropolitana de Iasi, programas religiosos, culturais, científicos, musicais, sociais e informativos. A Rádio Trinitas promove o diálogo e a cooperação à escala nacional e ecuménica para a proteção da dignidade humana. Desde 2001 faz parte da ECCR (Conferência Europeia de Rádios Cristãs). A Rádio Trinitas foi declarada pelo N.A.C. (Conselho Nacional do Audiovisual) como a melhor estação de rádio da Roménia em 2003.

Outros existem, no entanto, mesmo que não tenham sido incorporados num objeto físico. Por exemplo, a música ou os poemas religiosos constituem uma obra, mesmo que ainda não o tenham sido, ou mesmo antes de terem sido escritos através de notação musical ou de palavras.

O direito de autor continua a proteger a forma de expressão das ideias, não as ideias em si. A criatividade protegida pelos direitos de autor é a criatividade na escolha, arranjo e disposição de palavras, notas musicais, cores, formas, etc.

Os direitos de autor protegem o titular dos direitos sobre as obras artísticas contra quem as "*copia*", especialmente no caso de quem pega e utiliza a obra original tal como foi expressa pelo autor.

1.3. ASPECTOS GERAIS RELATIVOS AOS DIREITOS DE AUTOR

São objeto de direitos de autor as obras originais e as obras derivadas, desde que estejam preenchidas as condições previstas na lei.

De acordo com o art. º da Lei n.º 8/1996 constituem objeto de direitos de autor "as obras originais de criação intelectual no domínio literário, artístico ou científico, seja qual for o modo de criação, o modo ou a forma de expressão e independentemente do seu valor e destino".

Do conteúdo do texto podem deduzir-se os elementos definidores do direito de autor, nomeadamente:

Em primeiro lugar, o objeto do direito de autor é composto exclusivamente por obras originais de criação intelectual. Consequentemente, as obras que não resultam da criação intelectual e não têm carácter original não podem ser objeto de direitos de autor;

S em segundo lugar, as obras originais, para serem objeto de direitos de autor, devem pertencer, se for caso disso, ao domínio literário em geral, à literatura religiosa, ao domínio artístico ou científico.

Embora não esteja explicitamente definido na Lei n.º 8/1996, pode, no entanto, estabelecer-se que a obra é o produto da criação intelectual original humana no domínio literário, artístico, científico ou religioso. De facto, sendo na sua essência uma criação intelectual, a obra só pode ser produto do indivíduo humano. Consequentemente, a obra não pode ser produto das pessoas colectivas, embora, como se pode verificar nas linhas seguintes, as pessoas colectivas possam adquirir as prerrogativas do direito de autor. Também está excluída a classificação como obra dos produtos realizados por diferentes equipamentos e máquinas, por mais sofisticados que sejam.

1.4. O MÉTODO DE CONCESSÃO DO CÓDIGO ISBN OU ISSN E DOS DIREITOS DE AUTOR

Desde a sua criação em 1970, a norma internacional para o livro (ISBN) foi reconhecida internacionalmente como o sistema de identificação utilizado pela indústria editorial e pelo comércio livreiro. Um código ISBN acompanha uma publicação monográfica desde a sua edição e, posteriormente, ao longo de todo o sistema de difusão [43]

O ISBN é administrado pela Agência Internacional do ISBN e por agências de registo ISBN autorizadas .[44]

A norma internacional de identificação do título de uma publicação em série é atribuída a cada título-chave de qualquer publicação em série no Sistema Internacional de Dados Seriados (ISSN)[45] . Quando o título da publicação

---

[43] O código ISBN é utilizado como um sistema de controlo fundamental para a aquisição e o inventário de editores, livreiros, bibliotecas e outras organizações. Baseia-se na recolha de dados sobre as novas edições e o futuro da publicação monográfica para os catálogos utilizados no comércio de livros. A utilização do código ISBN facilita também a gestão dos direitos conexos e o controlo das vendas no sector editorial. ISO 2108:2006 The international standard number for books (ISBN), p.4.

[44] A Agência Internacional do ISBN, com sede em Londres, coordena todos os centros nacionais do ISBN. O seu objetivo é estabelecer as regras-quadro para a concessão do ISBN, o protocolo para a criação e as regras de funcionamento dos centros nacionais, promover e coordenar o sistema ISBN a nível mundial. A Agência Internacional do ISBN é assistida, a nível consultivo, pelos representantes da ISO - International Organization for Standardization, da IPA - International Publishers Association, da IFLA - International Federation of Library Associations, com sede em Haia, criada em 1930, à qual a Roménia aderiu em 1961 (ver apêndice 1, lista II, n.º crt. 25 in: Portaria do Governo n.º. 41 de 12.08.1994). Na Roménia, o sistema de numeração normalizado dos livros - ISBN foi introduzido em 1989.

[45] O ISSN é composto por oito algarismos árabes de 0 a 9, distribuídos em dois grupos de quatro algarismos e separados por um hífen. O último algarismo da direita é o número do controlo, que é determinado por cálculo. Quando, a partir do cálculo, o resultado é 10, é assinalado com X. O ISSN é atribuído a cada publicação em série. O ISSN está associado a cada título principal determinado pelo ISDS (Sistema Internacional de Dados para Publicações em Série) durante o registo das publicações em série.

muda, é atribuído um novo ISSN correspondente ao novo título-chave.

A atribuição do código ISBN ou do ISSN para as obras monográficas, respetivamente para as publicações em série, tal como a sua utilização isolada ou acompanhada dos dados da publicação, não implica nem confere qualquer direito de autor ou de cobrança de taxas. De igual modo, a atribuição de um dos dois códigos a uma publicação monográfica ou a uma publicação em série, independentemente da forma do produto, não deve representar ou valer como prova legal da titularidade dos direitos de autor sobre essa publicação.

A concessão do ISBN ou do ISSN para um título de livro ou de uma série não confere qualquer direito de exclusividade sobre o nome do editor e/ou o título do livro ou da série. Para proteger o nome/título do editor, no âmbito do procedimento nacional (na Roménia), é necessário registar uma marca no SOIT (Serviço Estatal de Invenções e Marcas) .[46]

[46] O direito à marca pode pertencer a qualquer pessoa singular ou colectiva que tenha apresentado pela primeira vez, nos termos da lei, o pedido de registo da marca (artigo 9.º da Lei n.º 84/1998 relativa às marcas e indicações geográficas).

4. CATEGORIAS DE OBRAS PROTEGIDAS

A maior parte das leis não inclui uma lista das categorias de obras protegidas pelo direito de autor, contentando-se com uma definição geral ou com uma referência às três categorias de classificação doutrinária, nomeadamente: obras literárias, artísticas e musicais, sendo que, em alguns casos, a obra musical está integrada na categoria das obras artísticas. As obras científicas são por vezes enumeradas separadamente.

Algumas legislações não incluem uma definição das obras protegidas, sendo as condições de proteção destacadas pela jurisprudência e doutrina. As leis mais recentes, no entanto, recorreram a uma enumeração mais rápida das obras protegidas, sem atribuir a essa enumeração um carácter limitativo.

A lei n.º 8/1996 sobre direitos de autor e direitos conexos, no art. 7 enumera as obras originais de criação intelectual nos domínios literário, artístico ou científico, qualquer que seja a forma de criação, o modo ou a forma de expressão e independentemente do seu valor e destino, tais como

a) os escritos literários e jornalísticos (religiosos);

b) palestras;

c) sermões;

d) articulados;

e) endereços e quaisquer outras obras escritas ou orais, bem como os programas de computador.

f) 1. AS OBRAS RELIGIOSAS PROPRIAMENTE DITAS

A obra de difusão da doutrina cristã é uma obra que continua, com a obrigação imperiosa de se empenhar até aos confins da terra, para chamar à fé em Cristo todas as nações do mundo, a fim de as abraçar na obra redentora da Igreja.

Para levar a cabo tal trabalho, para além dos Santos Apóstolos, foram também chamados ministros carismáticos da Igreja, ministrando os Sacramentos, ou seja, aqueles que pertenciam ao sacerdócio da instrução divina, bem como os servidores não sacramentais que estavam ao serviço da proclamação da palavra do Evangelho.

Este estudo não se refere à obra de preservação inalterada da fé tal como ela é, por exemplo: o Santo Evangelho, o legado apostólico, etc., obras que ultrapassam os comentários, mesmo que seja do ponto de vista judicial. Estas são obras de instilação e inspiração divina.

A fixação por escrito da verdade em obras sui generis com o objetivo de partilhar a verdade da fé pelo Salvador, e através da assistência do Espírito Santo pelos eleitos para este fim, satisfazem plenamente o carácter de originalidade, dada a revelação e inspiração especiais daqueles que foram chamados a realizar esta obra.

Estas revelações únicas transmitidas pela tradição oral ou por descobertas posteriores, que foram postas por escrito, realizaram verdadeiras obras de conservação da verdadeira fé, desde o tempo dos santos escritores da Sagrada Escritura, já não se verificam. Mas estas obras permaneceram nos cofres da igreja, juntamente com a verdade revelada como uma herança divina, recebida diretamente do Senhor e nosso Salvador Jesus Cristo.

Pensamos ainda nas obras criadas tanto pelos ministros sacramentais como pelos ministros não sacramentais, através das quais são mostradas as expressões básicas da fé cristã.

Estas obras não são obras absolutamente originais, são sobretudo obras religiosas derivadas que tomam emprestados elementos das obras de inspiração divina. As obras derivadas estão a rever os elementos das obras pré-existentes.

A obra religiosa é, deste ponto de vista, a criação em que as ideias, os pensamentos, as concepções, os sentimentos, as emoções, as crenças encontram expressão em palavras escritas e faladas e inclui uma vasta categoria de obras. A literatura em geral e, em particular, a literatura religiosa, além disso, é chamada de arte da palavra. Nalgumas legislações, esta categoria inclui não só as obras literárias no sentido estrito da palavra, mas tudo o que se possa designar por obras de linguagem (histórias religiosas, poemas religiosos, escritos jornalísticos, conferências, sermões, peças processuais, quaisquer outras obras escritas ou orais, etc.), bem como obras científicas e técnicas ou programas de computador. Mas a lei romena refere-se às obras científicas, aos escritos jornalísticos e aos programas de computador como uma categoria especial de obras, pelo que não serão objeto de análise nesta questão. A proteção dos direitos de autor da literatura em geral e da literatura religiosa em particular, no sentido estrito da palavra, é aceite como um axioma por toda a doutrina e jurisprudência e acreditamos que os próprios direitos de autor nasceram, em primeiro lugar, da necessidade de proteger esta classe de obras, sobre as quais os homens de letras afirmam que é mais difícil o plágio.

No caso das obras religiosas, é irrelevante se a obra é executada pelo autor ou não: o criador pode escrever a obra ele próprio, com um lápis, utilizando uma máquina de escrever ou um computador, ou pode ditá-la a outra pessoa. Se esta última transcrever apenas a obra improvisada pelo autor sem ter uma contribuição pessoal, não receberá direitos de autor.

A realização de uma obra literária religiosa envolve três etapas: a ideia, a composição (materialização da ideia) e a expressão (a forma exterior, percetível aos sentidos). A ideia permanece sem qualquer proteção. Por conseguinte, no caso das obras literárias religiosas, a originalidade é examinada em relação à composição e à expressão. Existem obras originais tanto em termos de composição como de expressão, com referência apenas à composição, ou apenas à expressão. Isto não significa que, para que a obra beneficie de uma proteção adequada, ambos os elementos tenham de ser originais. Em alguns casos, apenas a composição é original (o cenário, o tema central, a concatenação das situações, as aventuras do seu lado ou intrigas relacionadas, o carácter ou o físico das personagens, o seu título, etc.), sendo a expressão copiada na íntegra: é o caso das antologias, quando a composição é dada pela escolha de passagens da obra de outra pessoa e pela ordem em que são apresentadas. Noutros casos, o original é apenas a expressão, sendo a composição completamente emprestada: as traduções são aqui o melhor exemplo, neste caso o que conta é a forma como a tradução é feita para outra língua sem afetar a composição que tem de ser seguida com precisão.

Em geral, as obras literárias religiosas assumem a forma escrita e a doutrina inclui entre as obras literárias protegidas também as criações que têm um nível de expressão mais baixo (artigos de imprensa religiosa, brochuras, anuários, diretórios, álbuns, programas, formulação que, pela disposição do material, apresentação, que traz a marca da personalidade do autor).

Relativamente às obras orais, a sua vocação de proteção nunca foi seriamente posta em causa, salientando-se que "*a fala é uma forma de expressão e fixação de pensamentos, ideias, tal como a escrita e que a obra oral é, tal como a obra escrita, suscetível de exprimir a personalidade do autor, de ser original e, portanto, de ser protegida*".

5. PROTECÇÃO POR DIREITOS DE AUTOR DOS SERMÕES

No que diz respeito ao sermão, há ordenações tradicionais que constam dos cânones, segundo as quais os bispos e os sacerdotes, em particular, e os diáconos são obrigados a ensinar aos fiéis a verdadeira fé, pregando especialmente aos domingos e em todas as outras festas religiosas, livremente, segundo o pensamento de cada um deles.

O pensamento e as ideias escapam de qualquer intenção de aproximação, tendo o privilégio de ser livre para sempre, de não suportar qualquer constrangimento, e por isso a obra de criação é livre de qualquer restrição.

O direito do autor de um sermão radica na atividade criativa intelectual e espiritual, sendo esta uma extensão da personalidade do pregador na condição de introduzir elementos originais. O conceito dominante no nosso direito, a originalidade, não é o mesmo que a novidade, sendo noções diferentes. A originalidade é um critério subjetivo, a novidade é um critério objetivo. No domínio do direito de autor, a originalidade é dada pela execução pessoal que revela a personalidade do autor. A falta de novidade não priva a obra de originalidade.

Para poderem realizar uma obra de pregação da palavra do Senhor por meio do sermão, os ministros sacramentinos devem esforçar-se intelectualmente, consubstanciado em muitas horas de estudo antifactum, a fim de alcançar a perfeição espiritual adequada para expor o ensinamento correto sobre um determinado assunto e adaptado ao grupo de leigos a que se dirige, utilizando um vocabulário adequado ao seu nível de cultura.

Uma obra criativa de um sermão pode assumir duas formas de proteção dos direitos de autor, de acordo com o critério da originalidade nas duas formas de expressão: absoluta e relativa.

As adaptações podem ser mais ou menos originais, dependendo da quantidade de elementos retirados de uma obra pré-existente. Quando se trata apenas de ideias, a obra realizada, com a marca da personalidade do autor, pode ser absolutamente original porque as ideias não estão protegidas e podem ser reproduzidas livremente sem qualquer restrição [art. 9.º, alínea a), da Lei n.º 8/1996]. Quando a obra realizada retira de uma obra pré-existente a forma, o plano, os caracteres, etc., e a personalidade do autor nu é visível, a obra será relativamente original.

A situação em desacordo com as normas legais de proteção dos direitos de autor é quando um sermão reproduz homilia preexistente sem o consentimento do autor e sem fazer menção da sua originalidade, pretendendo o ministro sacro ter todos os direitos sobre essa obra, situação qualificada como crime de contrafação.

Também neste campo criminal e ainda sem medidas coercivas suficientes e radicais por parte do Estado estão os actos de pirataria. Podemos ilustrar desta forma: vários actos de pirataria produzidos por "*ambulantes*" que reproduzem cassetes de vídeo com os "sermões do Padre Ilie Cleopa" e as vendem em mercados, feiras e outros locais. Estes actos de comércio ilegal ocorrem sem o consentimento da Igreja, pelo que os pontos de venda e a sua localização inadequada em termos de valor espiritual, interferem no respeito pelos valores sagrados.

6. SERMÕES - O SERVIÇO FUNCIONA

A questão das obras criadas no âmbito dos serviços obrigatórios não tem uma regulamentação uniforme a nível mundial. Para estas obras, o direito de autor colide com o direito do trabalho. Se os princípios do direito de autor exigem que a obra realizada pertença ao seu criador, ou seja, ao ministro dos sacramentos, por razões económicas, por um lado, e dogmáticas, por outro, e de relação específica entre a Igreja e os seus ministros, exigiriam que a obra pertencesse à Igreja (à entidade patronal) porque, afinal, a obra é o resultado do ministro, que é pago precisamente para isso. Ao regular o regime das obras de serviço, a Lei n.º 8/1996 utiliza a expressão "*obra criada no desempenho das funções de serviço especificadas no contrato individual de trabalho*", pelo que, por este sistema, apenas beneficiarão os autores que tenham o estatuto de trabalhador por conta de outrem ao abrigo de um contrato individual de trabalho, e não os que prestem trabalho ao abrigo de um contrato civil.

O regime geral das obras de arte está regulado no 44th artigo da lei n.º 8/1996, que dispõe:

"(1) Salvo acordo em contrário, para as obras criadas no cumprimento das obrigações de serviço especificadas no contrato individual de trabalho, os direitos patrimoniais pertencem ao autor da obra criada. Neste caso, o autor só pode autorizar a utilização da obra por terceiros com o consentimento da entidade patronal e com a sua retribuição pela contribuição para os custos de criação. A utilização da obra pelo empregador no âmbito do objeto da atividade não carece de autorização do trabalhador autor.

(2) Se a cláusula prevista no n.º 1 existir, deve incluir o prazo pelo qual foram alienados os direitos de autor patrimoniais. Sem especificar o prazo, este é de três anos a contar da data de entrega da obra.

(3) Após o termo dos prazos previstos no n.º 2, na ausência de cláusula em contrário, a entidade patronal tem o direito de exigir ao autor o pagamento de uma parte razoável das receitas provenientes da utilização da sua obra para compensar os custos incorridos pela entidade patronal para a criação da obra

pelo autor. (2), na ausência de cláusula em contrário, o empregador tem o direito de exigir ao autor o pagamento de uma parte razoável do produto da utilização da sua obra para compensar os custos incorridos pelo empregador para a criação da obra pelo trabalhador no âmbito das atribuições de serviço.
(4) Decorrido o prazo referido no n.º. (2), os direitos patrimoniais revertem para o autor.
(5) O autor de uma obra criada ao abrigo de um contrato individual mantém o direito exclusivo de utilizar a obra como parte do conjunto da sua criação".
Na Igreja Ortodoxa Romena, o Santo Sínodo decidiu, numa decisão tomada em 1950, que, no âmbito dos serviços religiosos da igreja, se deveria pregar regularmente aos domingos e festas, depois do Santo Evangelho e no fim da liturgia, no lugar certo, e fazer uma homilia exegética, de acordo com as regras da hermenêutica, para tornar mais explícito e compreensível - se for caso disso - o texto da perícope evangélica lida na igreja nesse dia.
No lugar certo, fazer a homilia temática enquadrada no ciclo de sermões de acordo com a festa, ou ler a Homilia do dia (homilia exegética sobre o Evangelho lido nesse dia ou homilia temática). O material homilético, os sermões dos domingos e das festas, e os temas são publicados regularmente nos periódicos da Igreja Ortodoxa Romena e servirão como material informativo e bibliográfico relacionado com o material homilético publicado.
No que diz respeito ao modo de pregar e ao conteúdo do sermão, o 19º cânone do VI Sínodo Ecuménico[st] dispõe o seguinte "*os primazes das igrejas devem ensinar todos os dias e especialmente aos domingos ao clero e ao povo as palavras da verdadeira fé, tirando das Escrituras as ideias corretas* ... ".

7. O ACTO DE CRIAÇÃO

Num número anterior da Revista Romena sobre o direito de propriedade intelectual, apresentámos aos especialistas no domínio do direito de propriedade intelectual e também aos seus críticos, um ponto de vista relativo à protcção dos direitos de autor dos sermões, tendo em conta a corroboração das disposições das normas jurídicas no domínio do direito de propriedade intelectual com as disposições canónicas expressas pelas "*Decisões dos Órgãos Deliberativos Centrais e Executivos da Igreja*".

A pesquisa, mesmo incompleta, sobre a reflexão da importância da proteção, através de instrumentos jurídicos, do trabalho de criação intelectual do sermão como realidade eclesial, não pode continuar apenas se considerarmos o passado e as perspectivas de fé em consonância com a legislação na matéria. Como aprecia Constantino Naclad, o sermão, recíproca e complementarmente, dá sentido à Igreja porque nasce, cresce e se estrutura em torno do sermão .[47]

A valorização autêntica do património nacional, no que diz respeito à importância pastoral do sermão, atesta também o desejo da Igreja de integrar dignamente o sermão no circuito mundial dos valores científicos.

O sermão, tal como referido na primeira parte, deve incluir a capacidade de receção das influências do tempo atual em que vivemos para ser recebido pelos ouvintes.

O pregador deve ter toda a disponibilidade e maturidade para compreender a realidade da vida espiritual dos ouvintes, a originalidade de cada um dos vários temas, tendo em conta a obrigação legal de respeitar a criação intelectual dos seus antecessores, a fim de transmitir essa obrigação ao público.

É bem conhecida a influência do ensinamento do pregador sobre as novas gerações, a partir da primeira infância, quando têm as primeiras recordações com exemplos da vida dos santos, formando princípios de vida baseados nos

[47] Constantin Naclad. *Religious Education within the priestly* ministry (*A educação religiosa no* ministério *sacerdotal*). Trinitas Publishing House, Iasi, 2007, p. 160.

"Dez Mandamentos" ou por comparação com a vida quotidiana, os jovens na escola são ajudados a diferenciar as sanções dos pais, dos professores ou mesmo dos amigos, com a imagem do Salvador supremo que é Deus, um Deus infinitamente bom, perdoador, um Pai amoroso no dia do Juízo. Já na adolescência, o sermão pode ser um meio clássico para infundir na alma dos fiéis a sede de liturgia e o desejo de conhecer profunda e completamente os significados místicos da vida carismática, bem como os conceitos de justiça e verdade. Há questões que, infelizmente, vemos cada vez com mais frequência, quando, segundo a tradição cristã, são trazidas à Igreja[48] para serem baptizadas crianças cujos padrinhos desconhecem o grande mistério do Santo Batismo. Que deve ser a pedra de toque para os pregadores que, através do sermão, muito cuidadosamente preparado com antecedência, pode ser o catecismo mais eficaz.

---

[48] A noção de igreja, para além do significado de lugar de culto, tem o significado de congregação (comunidade) de crentes baptizados em Cristo que acreditam e confessam a sua doutrina inalterada, reconhecem-no como chefe da Igreja (Ef. I, 22-23) e salvam-se pela observância dos mandamentos e dos acordos. Vasile Miron, O simbolismo do lugar de culto e dos objectos litúrgicos nele existentes. In: Ortodoxia. Revista do Patriarcado Romeno, Ano LVIX, no. 3-4, julho-dezembro de 2008, Bucareste, p. 44.

8. O SERMÃO - A LIGAÇÃO ENTRE A IGREJA, A SOCIEDADE E A PROPRIEDADE INTELECTUAL

Sem dúvida, a escola, independentemente do grau, forma os futuros políticos, motiva a sua ação política, no domínio económico, os conhecimentos adquiridos formam os futuros gestores, empresários, financeiros, banqueiros, advogados, juízes, bispos, etc., que ocuparão determinados cargos na vida económica e política de um país, influenciando os aspectos sociais da humanidade e do bem individual.

A escola também precisa de pôr em causa a possibilidade de aprender com as lições do passado e de adotar novos conceitos revolucionários e de os fazer tomar consciência e respeitar o trabalho dos outros. Mas o sermão não é ainda uma escola onde se trabalha com outros instrumentos? Certamente que sim, recordando quantas personalidades da época encontraram a sua vocação lendo "Cartas" ou "As Horas" nos mosteiros da Moldávia.

A criação intelectual de cada indivíduo, em geral, está inevitavelmente em concorrência com a pirataria[49] , o plágio, a concorrência desleal, etc., factos que têm sido retirados de muitos preceitos religiosos, recordando apenas o oitavo mandamento "*não roubarás*" .[50]

Trata-se de actos anti-sociais que lhe retiram vitalidade e criatividade e nem sempre os pregadores dispõem dos meios necessários para defender os interesses da vida da sua obra. Por isso, saudamos estas medidas legais de proteção dos direitos de autor da criação intelectual, divinamente inspirada, que é o sermão.

---

[49] No âmbito da União Europeia, as medidas técnicas consagradas no art. 6.º da Diretiva do Parlamento Europeu e do Conselho n.º 2001/29/CE, de 22 de maio de 2001, estabelece que "os Estados-Membros assegurarão uma proteção jurídica adequada contra a neutralização de quaisquer medidas de carácter tecnológico eficazes que a pessoa adopte conscientemente ou tenha motivos para saber que prosseguem esse objetivo, bem como contra o fabrico, a importação, a distribuição, a venda, o aluguer, a publicidade para efeitos de venda ou de aluguer, ou a posse para fins comerciais de dispositivos, produtos ou componentes ou a prestação de serviços".

[50] Êxodo 20.15, Deuteronómio 5.19, Mateus 19.17-18, mas outros exemplos como: "Fraude fraudulenta e pesos condenados pela lei" em Levítico 19.11, "roubo condenado nos escritos de Paulo" em Romanos 13.8-9, "o roubo desonra o nome de Deus" em Levítico 19.11-12; "roubo muitas vezes acompanhado de ganância" no Salmo 62.10

Por outro lado, o Professor Nicolae V. Dura recorda-nos que, nos dias de hoje, foram e estão a ser desenvolvidas e publicadas declarações ecuménicas que prevêem "o nosso dever cristão" de nos empenharmos "em comum com pessoas que não partilham a nossa fé em favor da plena implementação da liberdade de pensamento, consciência e religião"[51] , de modo a cumprir a lei na nossa sociedade, fazendo o apelo ao poder da palavra .[52]

A cooperação entre a Igreja e o Estado deve começar por assumir a responsabilidade pela dignidade humana[53] e a sua defesa através de métodos específicos de cada instituição.

8.1. O SERMÃO E A ADVOCACIA

Estamos conscientes de que as nossas linhas estão longe de esgotar este assunto, tendo em conta a complexidade e a eloquência dos sermões relativos à presença humana primitiva na terra, em contraste apenas se nos lembrarmos da retórica jurídica que o advogado, pelo seu apelo, "*é chamado a combinar de forma feliz a tonalidade científica com a literária, ambas vestidas com um casaco de originalidade necessária e suficiente*"[54] para converter a rigidez das disposições legais na realidade presente e objetiva. Ambas as obras têm, no entanto, o mesmo objetivo, o de enunciar e estabelecer a verdade ao serviço da defesa individual no caso da advocacia, da informação e da prevenção do indivíduo relativamente ao sermão.

---

[51] Nicolae V. Dura. *Os direitos e as liberdades fundamentais do Homem e a sua proteção jurídica. Direito à religião e liberdade religiosa*. In: Ortodoxia. Revista do Patriarcado Romeno, ano LVI, no. 3-4, julho-dezembro de 2005, p. 14.

[52] Para sublinhar o dever pastoral do sacerdote de fazer uso da palavra, S. João Crisóstomo lembrava a curiosidade e o espírito inquisitivo até absurdo de alguns cristãos, aos quais é necessária a intervenção do sacerdote para os guiar e não os deixar vaguear no caos, "contra tantas dificuldades", dizia o santo Padre, "o sacerdote tem como arma qualquer, a palavra, nada mais do que a palavra". Se lhe faltar a palavra às almas cujo governo lhe é confiado, sobretudo às almas fracas e atormentadas por um excesso de curiosidade, elas ficarão constantemente agitadas, como navios batidos pela tempestade. O que deve fazer o padre para adquirir o talento da palavra. Sobre o sacerdócio. Livro IV, cap. 5, citado por: Peter Vintilescu. O sacerdote antes da sua chamada como pastor de almas. Editora da Igreja Metropolitana de Oltenia, Craiova, 2007, p. 2001.

[53] Stelian Gomoş. *Sobre o pensamento teológico e a ação social da igreja no mundo contemporâneo*. In: Ortodoxia. Revista do Patriarcado Romeno, Bucareste: Ano LVIII, no. 3, julho-agosto de 2007, p. 207.

[54] Ligia Danila-Catuna. *A advocacia - objeto do direitos de autor*. A revista romena de Direito Intelectual Propriedade , ano V no. 4 (17), dezembro de 2008, p 36

Relativamente à matéria de direitos de autor, o art. 7 lett. a) da Lei n.º 8/1996, o legislador prestes a enumerar introduz na 3ª tese: os sermões seguidos da 4ª tese: os articulados.

Pomos em causa o ponto de vista do domínio da técnica legislativa, respetivamente - o processo de classificação através do qual Anita Naschitz explica o objetivo da enumeração: parte-se de um grau mais elevado de importância jurídica para um grau mais baixo e, neste caso, o legislador teve em vista esta escala hierárquica - dizemos nós -, tendo plenamente em conta o ato de sermão anterior ao fundamento.

Em termos de direitos de autor, ambas as obras estão sujeitas à condição de originalidade, subscrevendo amplamente as regras de proteção estabelecidas na Lei 8/1996 relativa aos direitos de autor. Ambas as obras estão relacionadas com a qualidade do autor, a de advogado, respetivamente a de padre ou ministro da igreja.

8.2. O SERMÃO PREVISTO PELAS NORMAS JURÍDICAS DO DIREITO DE PROPRIEDADE INTELECTUAL E PELAS NORMAS CANÓNICAS

Do ponto de vista histórico, conhecemos as primeiras regras - as regras consuetudinárias, que se inspiravam em preceitos morais e religiosos. A Lei das Doze Tábuas, as Leis de Sólon, as Leis de Draco confirmam a sua complexidade moral e religiosa .[55]

Só se nos referirmos aos primeiros atestados de carácter jurídico romeno, os que datam do século XVI, deixados em manuscritos ou impressos, e os "actos de bens materiais" escritos em romeno[56] , é que eles são representados por códices de carácter heterogéneo (jurídico e canónico). Mencionamos apenas a primeira coleção de leis escritas em romeno intitulada "O código de leis de

[55] Dumitru Mazilu. *A teoria geral do direito*. Bucareste: Editora All Beck, 1999, p. 203.

[56] Mihai Grigore. *A técnica normativa*. Bucareste: C. H. Beck Publishing House, 2009, p. 163. Os primeiros códigos de direito de carácter laico, traduzidos para grego e impressos na Moldávia em 1646 (O livro de ensino romeno ou Código de Leis do Vasile Lupu) e na Valáquia em 1652 (A correção da lei ou Código de Leis de Matei Basarab), contêm os primeiros elementos e estruturas caraterísticos da linguagem jurídica

Vasile Lupu" Iasi, 1646. O motivo da publicação foi "*a escassez de fontes para as Sagradas Escrituras e outros ensinamentos*". Na base da sua composição estavam as fontes bizantinas para o Estado e a Igreja, e especialmente as leis de Justiniano .[57]

Scopul ştiintelor juridice şi al dreptului în general, este de a aprecia caracterul de drept sau nedrept al unui fapt[58] , precum scopul ştiintei teologie este de a ob⅛ine şi exprima Adevarul.

O objetivo da ciência jurídica e do direito em geral é apreciar o carácter natural ou não natural de um facto, tal como o objetivo da ciência da teologia é obter e exprimir a verdade .[59]

Nicolae Popa, seguindo a exemplificação de alguns estudos doutrinários, afirma que "*o direito é uma realidade transcendente, que exige razão*"[60] uma opinião semelhante que se encontra na definição de teologia: "*A teologia é ... caracterizada por se centrar na metafísica, na realidade transcendente que é o campo de Deus*" .[61]

Para uma análise racional da natureza jurídica dos direitos de autor de algumas obras criadas no seio da Igreja Ortodoxa Romena[62] , com relevância para a proteção dos direitos correlativos como são os direitos morais (de carácter não patrimonial) e os direitos patrimoniais (direitos individuais), para uma correta informação consideramos necessário um estudo comparativo entre as normas jurídicas previstas no ordenamento jurídico, nomeadamente

---

[57] Ioan N. Foca, Sorin Joanta. *Church Law* Ist Vol. SC Lumina Tipo Publ. House, Bucareste, Sibiu, 2006, p. 49. A maior parte das ordenações comuns dizia respeito aos assuntos comuns das paróquias, militares e civis, e algumas delas estavam relacionadas com assuntos eclesiásticos.

[58] Mircea Djuvara, *A teoria geral do direito.* Enciclopédia jurídica, segundo volume, Editora Socec, 1930, p. 6.

[59] John Breck, Prefácio a: Razvan Andrei Ionescu, Adrian Nicolae Lemeni. *Orthodox Theology and Science*, The Publ. House of the Mission Bible Institute of the Romanian Orthodox Church, Bucareste, 2006 p. 5.

[60] Nicolae Popa, *A teoria geral do direito*. Bucareste: Actami Publishing House, 1996, p. 93.

[61] John Breck, Prefácio a: Razvan Andrei Ionescu, Adrian Nicolae Lemeni, obra cit., pp. 5-6.

[62] A mesma importância é dada a todos os 18 cultos religiosos reconhecidos na Roménia pela Lei n.º 489/2006 sobre a liberdade religiosa e o regime geral das denominações. Após uma pesquisa exaustiva, reservamo-nos o direito de voltar com complementos, adaptados às normas de cada culto.

o direito da propriedade intelectual e as normas canónicas previstas no direito canónico.

A ciência jurídica fornece o quadro legal geralmente aceite ao qual a teologia aplica a sua própria hermenêutica ou visão interpretativa. Com base nesta abordagem, entendemos que tanto a ciência jurídica em geral, com o domínio da propriedade intelectual em segundo lugar, como a ciência teológica subsistem em argumentos sólidos que se complementam mutuamente.

A ciência jurídica disponibiliza as formas específicas de expressão das normas jurídicas, deixando à teologia a interpretação destas informações da ciência à luz da revelação divina.

Os pontos comuns entre os preceitos religiosos e as regras de direito em vigor no domínio do direito de autor, permitem-nos analisar o trabalho de criação intelectual consubstanciado no conteúdo dos sermões, como o resultado de um produto do espírito humano dotado de aptidões e qualidades de personalidade que requer atributos morais e patrimoniais.

8.2.1. O SERMÃO: AS FONTES JURÍDICAS E CANÓNICAS

O filósofo alemão Georg Wilhelm Friedrich Hegel disse que "*o direito passa à existência factual primeiro na forma, porque é a lei*[63] " Este facto dá ao direito a oportunidade de ser conhecido e, consequentemente, de ser respeitado e aplicado ao caso apropriado.

Na teoria do direito é amplamente debatido o conceito de fonte do direito. Distingue-se entre o sentido jurídico do termo fonte do direito e o seu significado histórico[64] , etc. Não é nossa intenção desenvolver este tema, mas consideramos necessário reiterar, no âmbito da "residência da matéria", numa abordagem próxima do sentido jurídico, a presença de duas fontes principais: as fontes criadoras e as fontes interpretativas.

---

[63] Friedrich Hegel. *Os princípios da filosofia do direito*. Editora da Academia Romena, Bucareste, 1969, p 242. (Georg Wilhelm Friedrich Hegel (nascido a 27 de agosto de 1770, em Estugarda - falecido a 14 de novembro de 1831, em Berlim) foi um filósofo alemão, o principal representante do idealismo na filosofia do século XIX).

[64] Nicolae Popa, obra cit., p. 191.

A legislação no domínio do direito da propriedade intelectual e a legislação própria da Igreja, são fontes criativas, pois criam novas regras, por outro lado a jurisprudência, a doutrina e os cânones da Igreja, não criam novas regras, apenas interpretam as existentes, não tendo um carácter inovador, apenas interpretativo.

A ideia principal em torno da qual se cristalizou a proteção da criação intelectual, criando um novo ramo do direito com legislação própria, é que estes produtos espirituais não podem ser protegidos contra a sua utilização por outras pessoas, como os bens, pela mera posse .[65]

De lege lata, com o objetivo de proteger os direitos morais e patrimoniais dos autores de obras de criação intelectual, cujo objeto de direito de autor constituem "*os sermões*" em qualquer forma de expressão - quanto às fontes criadoras, por uma breve enumeração são Internacionalmente; Nacionalmente pela legislação da Igreja.

A. A nível internacional:

1. Convenção de Berna para a proteção das obras literárias e artísticas, 9 de setembro de 1886 (revista) ;[66]

2. O Tratado da Organização Mundial da Propriedade Intelectual (OMPI) sobre direitos de autor ;[67]

3. Convenção internacional para a proteção dos artistas intérpretes ou executantes, dos produtores de fonogramas e dos organismos públicos de radiodifusão ;[67 68]

4. Convenção para a proteção dos produtores de fonogramas contra a

---

[65] Viorel Roş; Dragos Bogdan; Octavia Spineanu-Matei. *O direito de autor e direitos conexos. Tratado*. Bucharest: Editora All Beck, 2005, p. 5.

[66] A Roménia aderiu à Convenção de Berna pela Lei n.º 77/1998, publicada no Jornal Oficial, Parte I, n.º 156 de 17.04.1998.

[67] A Roménia ratificou o Tratado da OMPI sobre o Direito de Autor, adotado em Genebra em 20 de dezembro de 1996 pela Lei n.º 205/2000, publicada no Jornal Oficial, Parte I, n.º 609 de 27.11.2000.

[68] A Roménia aderiu à Convenção Internacional para a Proteção dos Artistas Intérpretes ou Executantes, dos Produtores de Fonogramas e dos Organismos de Radiodifusão, concluída em Roma em 26 de outubro de 1961, através da Lei n.º 76/1998, publicada no Jornal Oficial, Parte I, n.º 148 de 14.04.1998.

reprodução não autorizada dos seus fonogramas ;[69]

5. O tratado da OMPI sobre prestações e fonogramas ;[70]

6. A Diretiva do Parlamento Europeu e do Conselho, de 27 de setembro de 2004, relativa ao respeito dos direitos de propriedade intelectual (2004/48/CE) .[71]

B. A nível nacional:

1. Lei n.º 8/1996 relativa aos direitos de autor e direitos conexos ;[72]

2. Lei n.º 205/2000 para a ratificação do tratado da OMPI sobre direitos de autor, adoptada em Genebra a 20 de dezembro de 1996 ;[73]

3. O Decreto de Emergência do Governo n. 9 de 11th de janeiro de 2001 sobre medidas no domínio da cultura e da arte, das religiões, do cinema e dos direitos de autor ;[74]

4. Lei nº 574/2001 para a aprovação do decreto de emergência nº. 9/2001 relativo a determinadas medidas no domínio da cultura e da arte, das religiões, do cinema e dos direitos de autor ;[75]

5. Lei n.º 489/2006 sobre a liberdade religiosa e o regime geral das confissões ;[76]

6. Lei n.º 195/2000 relativa à criação e organização do clero militar ;[77]

7. Lei n.º 103/1992 relativa ao direito exclusivo das denominações de produzirem os seus próprios objectos de culto ;[78]

---

[69] A Roménia aderiu à Convenção para a proteção dos produtores de fonogramas contra a reprodução não autorizada dos seus fonogramas, adoptada em Genebra em 29 de outubro de 1971, através da Lei n.º 78/1998, publicada no Jornal Oficial, Parte I, n.º 156 de 17.04.1998.

[70] A Roménia ratificou o Tratado da OMPI sobre Prestações e Fonogramas, adotado em Genebra em 20 de dezembro de 1996, através da Lei n.º 206/2000, publicada no Jornal Oficial, Parte I, n.º 609 de 27.11.2000.

[71] Publicado no JOCE n. L 157 de 30 de abril de 2004. Ver: Ciprian Raul Romean, Paul George Buta Direito comunitário da propriedade intelectual. Direito de autor e direitos conexos. Coletânea de actos normativos C. H. Beck, Casa Publicadora, 2008.

[72] Publicado noJornal Oficial nº. 60 de 26.03.1996.

[73] Publicado noJornal Oficial , Parte nº 609 de 27.11.2000.

[74] Publicado noJornal Oficial , Parte I n.º 35 de 19/01/2001.

[75] Publicado noDiário da República , Parte I n . º 005 de 30/10/2001.

[76] Publicado no Diário da República, Parte I nº. 11 de 08/01/2007.

[77] Publicado no Jornal Oficial, Parte I nº. 561 de 13.11.2000.

[78] Publicado no Jornal Oficial, Parte I n.º 244 de 01/10/1992.

8. Decisão do Governo relativa à criação do Instituto de História das Religiões ;[79]

C. Legislação eclesiástica:

> A Decisão do Governo n.º 53/2008 relativa ao reconhecimento da estatuto para a organização e o funcionamento da Igreja Ortodoxa Romena ;[80]

> As decisões dos organismos centrais deliberativos e executivos são vinculativas para toda a Igreja Ortodoxa Romena;

> As decisões do Santo Sínodo;

> As decisões da "Assembleia Nacional da Igreja". Tornam-se executórias após a sua ratificação pelo Santo Sínodo;

> Decisões emitidas pelo "Conselho Nacional da Igreja" como órgão executivo central. As decisões só se tornam executórias após a sua confirmação por escrito pelo patriarca romeno ;[81]

> As decisões tomadas pela Chancelaria do Santo Sínodo .[82]

> As decisões da Administração Patriarcal, enquanto órgão administrativo central ;[83]

> O decreto da Grande Assembleia Nacional n. 7/1950 relativo à aprovação do regulamento interno dos tribunais disciplinares e de julgamento da Igreja Ortodoxa Romena ;[83 84]

> A lei de 8 de maio de 1934 relativa à criação de um serviço missionário

---

[79] Publicado no Diário da República, Parte I n.º. 50 de 22/01/2008.

[80] Publicado no Diário da República, Parte I n.º. 50 de 22/01/2007. O estatuto de 2008 revogou o Estatuto votado pelo Santo Sínodo da Igreja Ortodoxa Romena em 19 e 20 de outubro de 1948 e reconhecido pelo Decreto n.º 233 de 23 de fevereiro de 1949 pelo Presidium da Assembleia Nacional.
Assembleia, com todas as alterações subsequentes, e qualquer outra disposição em contrário.

[81] As decisões do Conselho Nacional da Igreja são executadas pela Chancelaria do Santo Sínodo e por outros sectores das instituições centrais da Igreja.

[82] A Chancelaria do Santo Sínodo é o órgão administrativo central do Santo Sínodo, do Sínodo Permanente, da Assembleia Nacional da Igreja, do Patriarca, do Conselho Nacional da Igreja e do Gabinete do Conselho Nacional da Igreja.

[83] A AdministraçãoPatriarcal, como órgão administrativo central, é encarregada do estudo e da preparação dos relatórios sobre os assuntos eclesiásticos da competência dos órgãos deliberativos e executivos centrais.

[84] Publicado noBoletim Oficial n .º 0 de 1/12/1950.

bispado para os cristãos ortodoxos romenos estabelecido nos países ocidentais não ortodoxos ;[85]

> Regulamento n.º 1703, de 3 de dezembro de 1864, para a eleição dos membros do Sínodo Geral da Igreja Romena .[86]

Em termos de fontes interpretativas, podemos destacar os seguintes regulamentos:

1. Revelado As verdades de fé e as normas morais delas decorrentes, contidas na Sagrada Escritura e na Sagrada Tradição, como depositárias da Revelação divina;
2. As normas canónicas ou cânones incluídos na coleção de cânones fundamentais;
3. O Direito da Igreja e as normas canónicas estabelecidas pelo consentimento unânime das Igrejas *(consensus Ecclesiae dispersae)*.

---

[85] Publicado no Diário Oficial , Parte I nº 105 de 08.05.1934.
[86] Publicado noGazeta Oficial , Parte I no. 0 de 3/12/1864.

9. O SERMÃO - DEFINIÇÃO E DELIMITAÇÃO

No dicionário explicativo da língua romena de 1984, o sermão é definido muito brevemente como um verbo transitivo que significa "espalhar, propagar ideias, conceitos, etc."[87] . Atualmente, a maior parte dos dicionários desenvolveu explicações mais próximas que definem o sentido bíblico do sermão. O sermão é definido como um discurso proferido por um clérigo na igreja, explicando e comentando o texto bíblico e oferecendo orientação moral aos fiéis; homilia; (um discurso que tem um carácter moral)[88] ou uma mensagem oral de proclamação e explicação da Palavra de Deus .[89 90]

Num guia canónico compilado pelo Prof. Dr. Liviu Stan 90, os cânones da Bíblia são descritos da seguinte forma Os chefes das Igrejas devem ensinar o clero e o povo que lhes foi confiado, o que significa pregar, especialmente aos domingos. O sermão deve basear-se nas Escrituras e na Tradição. 19 VI.

S o bispo que se desloca a outra diocese e aí prega sem o conhecimento e a autorização do bispo competente, deve ser excomungado. 20 IV; 3,11 Sardica.

S o leigo não deve pregar ou ensinar em público (na igreja) a doutrina cristã. (O bispo pode conceder uma exceção.) Quem desrespeitar esta regra deve ser excomungado 40 dias. 64 VI.

S as mulheres não devem pregar na igreja. 70 VI.

A primeira instrução prevista na legislação romena sobre "*sermões*" é mencionada na lista de objectos para os seminários de primeiro grau, no âmbito dos quais deve ser ensinado "*O exercício escrito e a pregação oral*" (sic), prevista no § II, secção 233 lett. e da Lei. 1150 sobre a instrução dos Principados Unidos da Roménia.

9.1. OS PREGADORES DA BÍBLIA

---

87 Dicionário explicativoda língua romena DEX. Publicação da Academia Romena
House, 1984, p. 735.

88 http://dexonline.ro/search.php?cuv=predica.

89 http://www.plasticsusa.com/ortho/dict_mnopr.html. O pequeno dicionário ortodoxo.

90 Ioan N. Floca, Sorin Joanta. *Church Law*, Volume I, [f ed] padrão executado em SC Lumina Tipo LLC, Sibiu, 2006, p. 264-265.

Os pregadores da Bíblia eram os santos do Antigo Testamento: Noé (2 Pedro 2.5), Jonas 1.2 e 3.2, Isaías 61.1, 21.2, Ezequiel, Amós 7.16, Ageu e Zacarias (Esdras 6.14). Os santos que pregaram no Novo Testamento são: João Batista (Mateus 3.1.) Jesus (Mateus 4.17), Pedro e João (Atos 8.25), Filipe (Atos 8.40), Paulo (Atos 9.27 e 1Co 9.16) e Timóteo (1Tm 4.13).

9.2. O CONTEÚDO DO SERMÃO

O conteúdo do sermão mencionado no Antigo Testamento a pregação é: julgamento a mensagem do (Ezequiel 20.46 e 21.2, Amós 7.16, João 3.4); A mensagem de esperança (Isaías 40.1-2,9 e 52.7-10; Amós 9.11-15). No Novo Testamento: As boas novas do reino (Lucas 9.2 e 16.16, Actos 20.25); As boas novas da salvação (1.Cor. 1.21 e 2.1-2); A Cruz de Cristo (1. Cor. 2.1-2) A Ressurreição de Cristo (Actos 17.18, 31; 1 Cor. 15.12.-14) Jesus Cristo é o Senhor (2. Cor. 4.5); O cumprimento das Escrituras em Cristo (Actos 2.14-36, 4.12-26 e 13.16-41, 1 Cor. 15.3-5); A vinda do juízo (Actos 10.42 e 17.31) e o apelo ao arrependimento e à fé (Marcos: 1.15, Actos 2.38, 10.43 e 26.20).

9.3. A DEMARCAÇÃO ENTRE O " SERMÃO-ENSINO" E O "SERMÃO-OBRA" COMO PRODUTO DA ACTIVIDADE INTELECTUAL

É amplamente reconhecido que um sermão sincero e entusiástico do ensinamento cristão, que vem do coração de cada sacerdote, tem o dom de reavivar a vida religiosa e reforçar as convicções que cada cristão deve ter sobre a religião .[91]

O ato de criação do sermão, preparação, edição, discurso e apresentação livre ou leitura no teleponto, implica a passagem por algumas etapas obrigatórias. Estas etapas assemelham-se muito às fases de redação de qualquer trabalho

[91]Vasile Gordon. *Introduction to Homiletics*, The Publ. House of University of Bucharest, Bucharest, 2001, Ver também Vasile Gordon "Go and teach ..." (sermons), The Publ. House of University of Bucharest , Bucharest, 2001.

científico, independentemente da forma de expressão, escrita, oral ou através do moderno áudio-vídeo, etc.

A forma de expressão através do discurso, semelhante, em alguns aspectos, à alegação dos advogados, envolve muitos conhecimentos de retórica e a compreensão desta ciência que nos ensina a falar de forma bela e convincente [92].

A arte de falar bem é a arte de conseguir que alguém ceda e saia convencido. Para atingir este objetivo, a retórica recomenda que, em cada tópico discutido, se utilize uma linguagem apropriada, um tom agradável e argumentado.

Entre o sermão escrito ou falado não há diferença de expressão, porque o pano de fundo da obra final permanece inalterado. Tanto o orador como o escritor devem apontar as mesmas coisas: o tema em discussão e o público a quem se dirige.

Na opinião do Rev. Prof. Dr. Basil Gordon, a preparação e a apresentação do sermão foram retiradas da retórica latina[93]. Indica principalmente: inventio (recolha de materiais); dispozitio (disposição desses materiais); elucutio (cuidado com a linguagem e o estilo); mimoria (assimilação, memorização) e actio (cuidado com os gestos, mímica e expressão facial, traje, atitude, etc.)[94]. Uma atenção especial deve ser dada ao estilo adotado no discurso, tanto do ponto de vista gramatical, como literário e eclesiástico (o estilo de linguagem "*das antigas Homilias*")[95] certamente harmonizado com o léxico atual e com o estilo litúrgico dos serviços religiosos sagrados.

No que diz respeito ao estilo de expressão do sermão, um pouco diferente do pleonasmo feito pelos advogados, ele provém de um ensinamento

---

92 Mitu Movila. *Retórica - Curso.* Casa Publicadora da Fundação Chemarea, Iasi, 1996, p. 5.

93 Ver: Quintiliano, M. Fábio. *A arte da oratória. Trans.* Maria Hetco, BPT, I, II e III vol, Bucareste, 1974, p. 383, 409, 465.

94 Vasile Gordon. *A redação e a apresentação da catequese. Marcos teóricos, metodológicos e práticos* In: Orthodoxy. Revista do Patriarcado Romeno, Ano LV, n.º 1-2, janeiro-junho de 2004, Bucareste, p. 30.

95 "A nossa língua é uma língua sagrada, uma língua de sermões antigos" - segundo a letra do poeta - Rev. Alexey Mateevich (da Bessarábia - atual Moldávia, nascido a 27/03/1888 - falecido a 24/08/1917), do poema "A nossa língua"

eclesiástico: "*Os pregadores cristãos devem permanecer os oradores do púlpito, e não do fórum*". Por outro lado, a santidade das verdades evangélicas só pode ser expressa por palavras puras, religiosas, mas longe da banalidade, da vulgaridade, da dissonância e das cacofonias .[96]

Hoje, o sacerdote deve manter-se a par do tempo presente, da civilização e da cultura, das obras literárias e artísticas, da poesia e da filosofia, da ciência em todos os domínios e só dentro do seu contexto, para colocar a explicação do Santo Evangelho sem receio de que fique desactualizada e de que fale de coisas que não pode defender na realidade; saber qual é o interesse dos crentes para responder a esse interesse não através de homilias abstractas sobre coisas sobre as quais os crentes não estão informados e não têm meios para as compreender, mas através de sermões esclarecidos e colocados no contexto das necessidades das pessoas do nosso tempo e da capacidade da sua compreensão .[97]

9.3.1. PODEMOS FALAR DE UM CONFLITO ENTRE AS NORMAS TEOLÓGICAS E AS NORMAS JURÍDICAS?

Alexander Vallimarescu, num estudo intitulado: direito, religião e mística, introduz uma citação do ilustre jurista alemão Rudolph von Ihering sobre a ligação inevitável, que encontramos em toda a história, entre direito e religião: "Em toda a parte onde o direito aparece pela primeira vez na história, encontramo-lo com um poder diferente, que lhe imprime o selo de uma consagração augusta, arrebata-o às vicissitudes, aos interesses e às oportunidades, à crítica da razão, ao arbitrário da força pura e coloca-o a uma distância inatingível e que faz nascer o respeito"[98] .

Em parte alguma o direito nasceu com a fisionomia laica que tem hoje em

---

[96] Vasile Gordon. *A redação e a apresentação da catequese. Marcos teóricos, metodológicos e práticos*. Obra citada. p. 34.

[97] Galaction, Bispo de Alexandria e Teleorman, Prefácio: Visarion Iugulescu, *Sermões aos domingos e feriados do ano*, [f ed; p. pl], [2005], p. 3.

[98] Alexandru Vallimarescu. *Tratado sobre a enciclopédia jurídica*. Bucharest: Lumina Lex Publishing House, 1999, pp. 83-84.

todas as sociedades; a autoridade apresentada pela ordem jurídica encontra o seu fundamento na origem divina que os governantes atribuem às regras de direito e no carácter sagrado que o povo obediente confere às regras que limitam a liberdade. As opiniões da doutrina jurídica sobre direito e religião, centram-se em dois elementos: normas e procedimentos de expressão e sua capitalização, denominados ritos na religião e procedimentos no direito, ambos no sentido moderno podem ser aceites como normas.

O objetivo da ciência e da teologia é obter e exprimir a Verdade através de algumas normas teológicas e jurídicas.

Como é bem sabido, disse Sua Beatitude Teoctist Arapaşu "*A Ortodoxia nunca se opôs à ciência, ou às leis da ciência, na busca dos meios de subsistência humana, ou na procura e descoberta dos mistérios da natureza ainda* desconhecidos"[99] .

O Reverendo Prof. Dr. Vasile Citiriga[100] , traz o argumento da origem do conflito até ao ato de desobediência entre Adão e Eva. O desejo de cada nascimento humano é tender para Deus, ou seja, o chamamento para ser teólogo, o que não exclui o chamamento para ser cientista, sem contornar a vontade de Deus. Desencadear um conflito entre a ciência e a teologia, levará inevitavelmente a ignorar Deus, cujas consequências não podem ser apreciadas. Mas podemos dizer que enquanto a relação entre ciência e teologia é natural e edificante, pelo contrário, o conflito entre elas é antinatural e não construtivo.

As normas teológicas são compatíveis com as normas jurídicas que se apoiam mutuamente, e a necessidade de conhecimento da aplicação e da proteção das obras, produto do esforço intelectual, é um exemplo claro da complementação destes dois tipos de normas.

---

[99] Sua Beatitude Teoctist Arapaşu na obra Prefácio: Razvan Andrei Ionescu, Adrian Nicolae Lemeni Orthodox theology and science. Editora do Instituto Bíblico Missionário e da Igreja Ortodoxa Romena, Bucareste, 2006, p. 3.

[100] Vasile Citiriga. *Questões dogmáticas sobre a relação entre teologia e ciência*. In: Ortodoxia. Revista do Patriarcado Romeno, Ano LVIII, no. 3, julho-agosto de 2007, Bucareste, pp. 40-58.

10. FORMAS DE PROTECÇÃO DO SERMÃO ATRAVÉS DE INSTRUMENTOS JURÍDICOS SOBRE DIREITOS DE AUTOR

Qualquer que seja a finalidade, a forma como é levado ao conhecimento do público e o destino do sermão, este armazena elementos de proteção dos direitos de autor. A lei do direito de autor e dos direitos conexos, art. 7 dispõe sobre as obras originais que, por criação intelectual, são protegidas "*qualquer que seja a forma ou o modo de expressão*". O Sermão através da sua definição, no entanto, pertence à categoria de obras orais, protegidas como obras escritas na forma de originalidade.

Específico é o facto de ser tornado público pela primeira vez sob a forma oral. Esta forma de expressão é irrelevante, quer antes ou depois da divulgação desta forma, tenham ou não sido registados num suporte específico .[101]

Através de uma seleção cuidadosa, o sacerdote prepara antecipadamente o conteúdo do sermão em relação à continuação natural das leituras bíblicas, a ser entregue aos paroquianos.

Os cânones da Igreja recomendam que o sermão seja uma homilia que se deve basear em textos bíblicos (o Evangelho e/ou os Apóstolos) lidos na respectiva liturgia. Pode assumir a forma de homilia exegética concreta (a explicação versículo a versículo da perícope lida) ou de homilia temática, desenvolvendo um tema retirado do texto bíblico lido durante o serviço religioso .[102]

O objetivo do sermão é partilhar com a congregação da igreja, no momento e no lugar certos durante a Sagrada Liturgia, a palavra única que o Pai proclamou ao mundo através do Seu Filho. O Sermão testemunha o seguinte: A palavra foi ouvida, recebida e compreendida, consistindo a sua essência precisamente no contacto vivo com o Evangelho que foi lido.

---

[101] Viorel Roş; Dragos Bogdan; Octavia Spineanu-Matei. *O direito de autor e direitos conexos. Tratado*. Bucharest: Editora All Beck, 2005, p. 118.

[102] A homilia não é uma simples explicação de uma passagem da Escritura, mas o ato sacramental de partilhar a Palavra do Pai e do Seu Filho glorificado, Jesus Cristo, através do pregador por Ele ordenado, à assembleia eucarística "não com palavras plausíveis da sabedoria humana, mas em demonstração do Espírito e do poder" (1 Coríntios 2,4).

Nestas circunstâncias, o sacerdote está vinculado a determinadas condutas, tanto no que respeita à preparação do conteúdo do sermão como ao local da pregação (à frente do altar e imediatamente após a leitura do Santo Evangelho). Se o lugar da pregação é irrelevante do ponto de vista da proteção dos direitos de autor, o sermão quanto aos elementos de conteúdo de originalidade importa duas possibilidades em relação às formas de expressão: absoluta e relativa, a serem protegidas pelos direitos de autor.

Corroborando com os art. º e 8.º da Lei n.º 8/1996, podemos afirmar que o sermão está sujeito a direitos de autor e recebe proteção como:

S obra original ou

Obra derivada através da qual o autor reproduz elementos de uma obra preexistente transformando-a num resumo ou numa adaptação, ou numa obra composta (art. 8.º da L 8/1996).

A modalidade de expressão do sermão - obra original ou obra derivada, para ser protegida em termos de direitos de autor, não está vinculada a uma determinada forma de criação, apresentação, manifestação, materialização, expressão, etc. e é independente do seu valor e destino.

Embora o rigor da classificação dos métodos de criação e de expressão seja questionável, a categoria de obras enumeradas inclui manifestações novas e modernas de criações intelectuais .[103]

Por conseguinte, o sermão pode ser expresso hoje oralmente, por escrito (numa variedade de publicações, sítio Web), nos meios de comunicação social sob a forma de composições musicais com letras, obras audiovisuais, obras expressas por processos análogos à fotografia, em que o texto pode ser associado a algumas imagens de fundo, etc.

[103] Ioan Macovei. *Tratado de direito da propriedade intelectual.* Bucareste: C. H. Beck Publishing House, 2010, p. 435.

11 .O PRAZO DE PROTECÇÃO DOS DIREITOS DE AUTOR PATRIMONIAIS

Os direitos de autor patrimoniais têm uma duração limitada. O carácter temporário dos direitos de autor patrimoniais é justificado por razões de interesse social e de prevenção de um monopólio excessivo da criação intelectual.

11.1 . A LEGISLAÇÃO INTERNACIONAL: A CONVENÇÃO DE BERNA PARA A PROTECÇÃO DAS OBRAS LITERÁRIAS E ARTÍSTICAS (1886)

As actuais normas jurídicas da Convenção de Berna exigem um período mínimo de proteção dos direitos de autor igual à vida do autor mais cinquenta anos e não prevêem qualquer outra forma de registo oficial dos direitos de autor.

Assim, no que diz respeito à duração da proteção do direito de autor, a regra geral é que a proteção deve ser concedida até ao final do 50.º ano após a morte do autor. No entanto, existem algumas excepções a esta regra: no caso de obras anónimas ou pseudónimas, a patente expira após 50 anos a partir da data em que a obra foi legalmente disponibilizada ao público, a não ser que o pseudónimo não deixe dúvidas quanto à identidade do autor ou que o autor revele a sua identidade durante esse período de tempo; no segundo caso, aplica-se a regra geral.

No caso de obras/sermões no domínio audiovisual (cinematográfico), o prazo mínimo de proteção é de 50 anos após a obra ter sido posta à disposição do público ("lançada"), ou - se o evento faltar, a partir da criação da obra.

No caso de obras/sermões expressos por palavras mas acompanhados de obras de arte aplicada ou de obras fotográficas, o mínimo é de 25 anos desde a criação dessa obra.

Se a obra/sermão for criada ao longo de um período de tempo em partes, séries, volumes ou qualquer outra forma de continuação, o prazo de proteção será calculado para cada um destes componentes a partir do momento da sua criação e não a partir do momento da criação da obra na íntegra.

Os países da União de Berna têm o direito de conceder um prazo de proteção superior aos previstos nos números anteriores.

Em todos os casos, a duração será regulada pela lei do país em que a proteção será reivindicada; no entanto, salvo decisão em contrário da legislação deste último país, não excederá o prazo fixado no país de origem da obra.

11.2 LEGISLAÇÃO NACIONAL NA ROMÉNIA: LEI N. 8/1996 RELATIVA AOS DIREITOS DE AUTOR E DIREITOS CONEXOS

No que diz respeito à duração da proteção jurídica dos direitos de autor patrimoniais, a Lei n.º 8/1996 relativa aos direitos de autor e direitos conexos, no n.º 1 do artigo 25. 25, n.º 1, estabelece as seguintes regras

Assim nascem os direitos de autor patrimoniais e a sua proteção jurídica mantém-se, em princípio, mesmo desde a criação da obra;

S os direitos de autor patrimoniais duram toda a vida do autor;

S após a morte do autor, os direitos de autor patrimoniais transmitem-se por herança legal ou testamentária por um período de 70 anos, qualquer que seja a data em que a obra tenha sido tornada pública legalmente. Este prazo de proteção é um prazo de direito comum;

Na falta de herdeiros, o exercício dos direitos patrimoniais de autor, transmissíveis por herança, cabe à entidade de gestão mandatada em vida pelo autor ou, na falta de mandato, à entidade de gestão colectiva com maior número de membros no respetivo domínio de criação.

Os direitos de autor patrimoniais sobre obras realizadas em colaboração são protegidos ao abrigo do art. 27. 27.º, durante 70 anos após a morte do último coautor sobrevivente [n.º 1], e se as contribuições dos co-autores forem distintas, a duração da proteção é de mais 70 anos para cada contribuição, a partir da morte de cada coautor [n.º 2].

Os prazos de proteção acima referidos são calculados a partir de 1 de janeiro do ano seguinte ao da morte do autor ou do ano seguinte ao da apresentação da obra ao público, se for caso disso (art. 32.º).

11.3 ASPECTOS COMUNS

Após a expiração da proteção legal a obra/sermão entra no domínio público, nomeadamente no âmbito da cessação do monopólio de utilização da obra reconhecido aos titulares de direitos de autor morais ou patrimoniais a prazo e, a partir desse momento, a obra entra no património comum da humanidade, podendo ser utilizada por qualquer pessoa singular ou colectiva.

S Convenção de Berna para a Proteção das Obras Literárias e Artísticas de 9 de setembro de 1886 *) concluída em Paris em 4 de maio de 1896, revista em Berlim em 13 de novembro de 1908, concluída em Berna em 20 de março de 1914, revista em Roma em 2 de junho de 1928, revista em Bruxelas em 26 de junho de 1948, revista em Estocolmo em 14 de julho de 1967 e em Paris em 24th julho de 1971 e alterada em 28th setembro de 1979, consolidada em 28th abril de 1998. Entrada em vigor em 31st de julho de 1969.

S Lei n.º 8/1996 relativa aos direitos de autor e direitos conexos. Entrou em vigor em 24th junho de 1996.

12 . CONCLUSÕES

As disposições canónicas, em conjunto com outras decisões do Santo Sínodo, estabelecem algumas regras no texto dos cânones segundo as quais se pode concluir:

S em sua maioria, os sermões são obras religiosas derivadas, pois tomam emprestados elementos de obras de inspiração divina;

S o trabalho de criação de um sermão e a sua apresentação como exposição pública na igreja devem ser feitos regularmente aos domingos e dias de festa;

S constitui uma obrigação de serviço (semelhante às obras criadas no cumprimento das atribuições de serviço previstas na Lei n.º 8/1996);

S cumpre certas regras específicas apenas para a igreja;

S é realizado a partir da consciência e de um sacrifício contínuo pelo bem comum.

Em conclusão, apreciamos o facto de o trabalho de criação intelectual de um sermão ser protegido tanto de forma convencional como legalmente.

Por conseguinte, a violação dos direitos de autor dos sermões, reconhecida e garantida pela legislação nacional e internacional, implica a responsabilidade civil, contraordenacional ou penal, se for caso disso.

13. BIBLIOGRAFIA

1) ANECHITOAE Constantin. *O direito da propriedade intelectual*. Bucareste: Editora Pro Universitaria, 2014.

2) ANECHITOAE Constantin. *O direito da propriedade intelectual. Direitos de autor e direitos conexos*. Bucharest: Editora Universul Juridic, 2014.

3) ANECHITOAE Constantin. *Pleadings and sermons-works protected by copyrigh*, em Constanta: "DIONYSIANA", Anul III, n.º 1 (2009), pp. 282291.

4) ANECHITOAE Constantin. *Pleadings and sermons - works protected by copyright*. Anais da Universidade Marítima de Constanta, Ano X, Vol. 12/2010, pp. 25-30.

5) ANECHITOAE Constantin. *Introdução ao direito da propriedade intelectual*. Bucareste: Editora Bren, 2006.

6) BRASOVEANU Florica. *Estratégia de proteção ambiental e desenvolvimento sustentável*, Anais da Universidade de Ovidius, Série de Ciências Económicas, 13 (2), 87-90, 2013

7) BRASOVEANU Florica. *Proteção internacional dos direitos humanos*. Anais da Universidade de Ovidius, Série Ciências Económicas, 12 (2), 2012, pp. 135-137.

8) BRASOVEANU Florica. *Direito internacional público*, Ed. Pro Universitaria, Bucuresti, 2013.

9) BRASOVEANU Florica. *Direito Internacional Público II*, Ed. Pro Universitaria, Bucuresti, 2014.

10)BUCSA Gheorghe; POPESCU Tiberiu. *O dicionário ilustrado da propriedade intelectual*. Bucharest: Editora OSIM, 2003.

11)CALMUSCHI Otilia. *O esgotamento dos direitos de propriedade intelectual*. In: Revista Romena de Direito da Propriedade Intelectual, n.º 2 (7), III.º ano, Bucareste, 2006.

12)CALMUSCHI Otilia. *O direito da propriedade intelectual. Curso universitário*. Bucareste: Editora Titu Maiorescu, 2004.

13)CIRCA Adrian. *Proteção dos direitos intelectuais. Atualidade e perspectivas.* Bucharest: Editora Universul Juridic, 2013.

14) CITIRIGÀ Vasile. *Questões dogmáticas relativas à relação entre a teologia e a ciência.* Em: Bucareste, Ortodoxia. A Revista do Patriarcado Romeno, Ano LVIII, no. 3, julho-agosto de 2007.

15) CUCOŞ Constantin. *Educação - dimensão cultural e intercultural.* Iasi: Editora Polirom, 2000.

16) DÀNILÀ-CATUNA Ligia. *A advocacia - objeto do direito de autor.* Bucareste: Revista romena de Direito Intelectual da Propriedade, ano V no. 4 (17), dezembro de 2008.

17)FLOREA Bujorel. *O direito de propriedade intelectual: direitos de autor.* Bucareste: Editora Fundaría "România de Mâine", 2003.

18) GLATCOV Petre; ŞTRENC Alexandru Cristian; BUCSA Gheorghe; PITU Dalila. *Propriedade industrial, propriedade intelectual e Inventics: Curso para uso académico.* Bucareste: Editora da Fundação Académica para a promoção das invenções e da criatividade, 1997.

19)GORDON Vasile. *Introduction to Homiletics.* Bucharest: Editora da Universidade de Bucareste, 2001.

20)GORDON Vasile. *A redação e a apresentação da catequese. Marcos teóricos, metodológicos e práticos*, In: Bucareste, Ortodoxia. Revista do Patriarcado Romeno, Ano LV, n.º 1-2, janeiro-junho de 2004.

21)HEGEL Friedrich. *Os princípios da filosofia do direito.* Editora da Academia Romena, Bucareste, 1969.

22)IDRIS Kamil. *A propriedade intelectual - uma ferramenta poderosa para o desenvolvimento económico.* Bucareste: Editora OSIM, 2006.

23)MACOVEI Ioan. *Tratado de Direito da Propriedade Intelectual.* Bucareste: CH Beck Publishing House, 2010.

24)MAZILU Dumitru. *A teoria geral do direito.* Bucharest: Editora All Beck, 1999.

25)MOTICA I. Radu; NEGRESCU Dan. *Léxico jurídico latim - romeno.* Bucareste: Editora Lumina Lex, 2001.

26) MOVILÀ Mitu. *Retórica - Curso.* Iasi: Casa Publicadora da Fundação Chemarea, 1996.

27)NACLAD Constantin. *A educação religiosa no ministério sacerdotal.* Iasi: Editora Trinitas, 2007

28)OLTEANU Gabriel. *O direito de propriedade intelectual.* Bucareste: C. Editora H.Beck, 2007.

29)PETRESCU Teodosie; ANECHITOAE Constantin. O Sermão - obra religiosa protegida por direitos de autor (I). In: The romanian Journal of Intellectual Law Property, ano V no. 1 (22), Bucareste, março de 2010, pp. 43-51.

30)PETRESCU Teodosie; ANECHITOAE Constantin. O Sermão - obra religiosa protegida por direitos de autor (II). In: The romanian Journal of Intellectual Law Property, ano V no. 4 (25), Bucareste, dezembro, 2010, pp. 24-37.

31)PETRESCU, Teodosie; RÀDULESCU, Adrian. *Igreja metropolitana de Tomis, tradição e atualidade.* Constanta: Editura Arhiepiscopiei Tomisului şi Dunarii de Jos, 2004.

32)PETRESCU, Teodosie; DURÀ N. Nicolae; MITITELU Catalina. Universidade Ovidius de Constanta. Centro de Estudos e Investigação Religiosa e Jurídico-Canónica das Três Religiões Monoteístas (Mosaica, Cristã e Islâmica), *Dionysiana.* Costanta: Ovidius University Press, 2007 .

33)POPA Nicolae. *A teoria geral do direito.* Bucareste: Actami Editora, 1996.

34)ROŞ Viorel; BOGDAN Dragos; SPINEANU-MATEI Octavia. *O direito de autor e os direitos conexos. Tratado.* Bucharest: Editora All Beck, 2005.

35)ROS Viorel. *O direito de propriedade intelectual. Curso universitário.* Bucareste: Lex Global Publishing House, 2001.

36)RUJAN,I.C.; GAVRILESCU, A. G. Aspects regarding the historical development of property, Annals of the Constantin BrancusiUniversity of Târgu Jiu, Letters and Social Sciences Series, No. 3/2014.

37)RUJAN, I.C. Considerações a respeito dos conceitos filosóficos de propriedade. Pesquisa e Ciência Hoje nº 2/2014.

38) STOICA Adrian. *Sistematização do serviço público de justiça em Roménia.* International Journal of Reviews and Studies in Economics and Public Administration, 2013/12/12.

39) ŞTRENC Alexandru Cristian. *Novos horizontes e desafios na proteção de patentes de invenções*, in: A Revista Romena de Direito da Propriedade Intelectual, n.º 1 (6), IIIª, Bucareste, 2006.

40)TROCANL.M.; SIMIONESCU E.G, Short presentation of the European Criminal Records Information System, Annals of the Constantin Universidade Brancusi de Târgu Jiu, Série Letras e Ciências Sociais, n.º 1/2014, pp. 88-92.

41)TROCAN,L.M. Considerações sobre os usos comerciais internacionais, Anais do Constantin Brancusi, Universidade de Târgu Jiu, Série Economia, Número 5/2013, Editora "Academica Brancusi", pp. 91-94.

42)VALLIMARESCU Alexandru. *Lawtreaty*. Bucharest: Lumina Lex Editora, 1999.

43) VÀLLIMÀRESCU Alexandru. *Tratado sobre a enciclopédia jurídica.* Bucareste: Editora Lumina Lex, 1999.

44)VASILIU Eugen. *O Decálogo da propriedade intelectual.* The Romanian Magazine of Intellectual Property Law, terceiro ano, publicado por iniciativa da Associação Científica para o Direito da Propriedade Intelectual, n.º 2 (7), Bucareste, 2006.

MIX
Papier aus verantwortungsvollen Quellen
Paper from responsible sources
FSC® C105338

Printed by Books on Demand GmbH, Norderstedt / Germany